3年で10億円を突破！

数億社長のための自動的に人が育って、事業が成長する仕組みのつくり方

矢田祐二 著

セルバ出版

はじめに

本書は、年商数億円の社長のための「事業が成長する仕組みのつくり方」を書いた実務書です。最大の特徴は、「正しい考え方でつくり、正しく運用すること」で、「その仕組みの中に、社員が自動的に育つ仕掛け」を持つことができることを、解説している点にあります。

年商数億円規模の会社には、『人』に関する大きな課題が2つあります。

1つ目は、「戦力化に時間がかかりすぎる」というものです。採用した人を短期間で稼げるようにすることができません。そのため、その期間の人件費が重く圧しかかることになります。また、本人も活躍できないために、仕事がいつまでも楽しくならないのです。その結果、入社から1、2年が経った頃にはその多くが居なくなっています。

もう1つは、「管理者が育たない」というものです。社員の多くが日々同じ作業を繰り返しており、「より上に」という意識はありません。少しできそうな社員を管理者に任命するも、管理者として全く機能しないのです。そして、名ばかりの管理者となるか、会社を去っていくことになります。

これが、この規模の多くの会社の実状であり、共通する課題なのです。その結果、社長と一部の優秀な社員が案件漬けの毎日に陥ることになっています。そして、仕事はあるけど、受けられないという状態になるのです。長い停滞期が始まることになります。

このときに、次の選択をすると、その停滞期は更に長く深いものになります。それが、『人材育成』

に力を入れることです。外部研修に行かせる、社内勉強会や飲み会を開催する、そして、人事制度を導入する。これらは、多くの企業にとって確かに有効な施策となります。

しかし、年商数億円規模の会社、特に、前記の2つの課題を持つ会社にとっては、完全なる間違いとなります。前進どころか、組織を崩壊させることにもなりかねません。

このときに向かうべきは、『年商10億円になるための仕組み、すなわち、事業が成長する仕組み』そのものをつくることであり、その運用を急ぐべきなのです。それにより会社全体が、本当の成長サイクルに入ることになります。そこに、人を育てる、人を活かすための仕掛けが自ずと宿ることになります。

これにより、新入社員、若手、中堅までのすべての社員が、成長サイクルの渦に巻き込まれる形で、育っていくことになります。その状態を意図してつくっていくのです。

何かしらの縁があって、その社員はうちに入ってくれたのです。その社員が「お客様に感謝される」、「チームから必要とされる」そんな状況をつくれるかどうかは、彼らの能力以上に、こちら側の問題になるのです。そして、その状況は仕組みにより実現することができるのです。

本書では、実際の変革事例を多数用いて、その本物の仕組みのつくり方を解説しています。本気で年商10億円、そして、社員を幸せにしたいと思っている社長のお役に立てることを願っております。

2023年2月

矢田　祐二

3年で10億円を突破！　数億社長のための自動的に人が育って、事業が成長する仕組みのつくり方　目次

第2章　採用した社員を、如何に短期間で日銭を稼げるようにするか

第3章　自分の給与以上に稼ぐプロフェッショナル社員の現場育成法

第4章　人が勝手に育つ会社は、何をやっているのか、その全貌公開

第5章　成長のエンジンをグルグル回せ！　管理者を機能させる要所

第6章　優秀な人材が入れてくれと列をなす、採用の実務理論

第7章　本当によい会社にしたい！　と望む社長のための王道経営

第8章　事業をより大きくしたい、複数の事業をやりたい、その大欲で進め！

おわりに

第1章

事業を成長させる仕組みで、自動で人を育てて年商10億円を突破！

人材育成の目的は、未来づくりに貢献できる人づくり

年商数億円企業にとっての、人材育成の目的は、「未来づくりに貢献できる人」をつくることにあります。

年商数億円から年商10億円に進むとき、多くの変化があります。事業モデル、仕組み、組織、それぞれが大きく変化することになります。変化することで、年商10億円に進むことができるのです。

その変化を支えるのが「未来づくりに貢献できる人」、すなわち、「人材」になります。

年商数億円までは、社長だけ、または、社長と一部の優秀な社員だけで、十分回すことができました。それが年商10億円に進む過程のどこかで、それでは間に合わなくなります。

年商数億円の企業では、事業も業務も属人性が高い傾向があります。また、起きた問題に根本的な対策が打てるのも、社長だけなのです。

これでは当然、規模が大きくなるほど追い付かなくなります。顧客数や案件数が増えていきます。それに合わせ、社員やスタッフや関わる業者を増やしていきます。それを今までと同様のやり方で、品質や納期を守ることなどできません。ましてや、そこで起きる問題にしっかり対処し、仕組化することなどできないのです。

その社長と一部の優秀な社員で見る限界が、年商数億円という規模で訪れるのです。

規模を大きくするだけ、多くの「人材」が必要になります。営業を管理する者、製作プロセスの

仕組化を担う者など、至る所で「人材」が必要になるのです。

その「人材」を増やすということを無視しては、これ以上先には進めないのです。

多くの年商数億円企業が人材育成で失敗している現状

そのために、この規模で多くの年商数億円企業は、人材育成に取り組むことになります。

年商数億円企業にとっての人材育成の目的は、明確です。「未来づくりに貢献できる人づくり」となります。年商数億円企業では、未来に向けて動いている人が社長と一部の優秀な社員以外にいないのです。

社員の多くは、毎日作業ばかりしています。昨日と今日、同じことをしています。何か問題があると、彼らはそれを社長に報告し指示を受けるだけなのです。そこで、自分で考えたり、何かを提案したりすることはありません。「未来づくりに貢献できる人」すなわち「人材」の数を増やさなければなりません。

実際に、殆どの年商数億円企業が、この時期にその取組みを始めます。

優秀な人を採用するために募集をかけます。また、社員教育に力を入れます。新卒採用も始めます。時には、ヘッドハンティング会社に依頼することもあります。そして、評価制度や給与制度を整備するのもこの時期です。外部研修に行かせたり、社内勉強会を開催したりと職場外での取組みにも力を入れます。

しかし、残念ながら、その多くの会社が上手く行っていません。

採用した経験者は期待したほどの成果を出しません。成長意欲の高い新卒者は、仕事を覚えた入社から1、2年で辞めていきます。

また、幹部候補として鳴り物入りで獲得した社員は、最初こそ元気がよかったものの、期待した程の成果を出すこともなく、1年後には居なくなっています。

そして、評価面談や勉強会も継続しているものの、マンネリ感が出てきます。これらの取組みの殆どが、上手くいっていないのが実状なのです。

その取組みの期間、会社は停滞することになります。その期間が長いと社長も社員も元気がなくなってきます。採用と教育にかける時間も費用も、重く圧しかかってきます。

その割に、効果がないのです。その理由は明白です。その多くの会社が頑張るところを間違えているのです。

年商5億円のネット通販事業M社が、店舗型スポーツジム事業を立ち上げた驚きの理由

飛行機から搭乗橋に一歩踏み出すと、どかっという暑さが襲ってきました。空港内を移動中に、補修された壁や数名の作業服を着た人の行き交う姿が見られます。

「矢田先生、こちらです」

空港の到着口ゲートを抜けると、満面の笑みのM社長のお迎えがありました。

M社長の車に乗り込み、事務所に向かいます。その道中に、M社長から街の状況を説明していただきました。この地域は、数か月前に大きな地震に見舞われたばかりです。建物の倒壊後に撤去されたのだろうという、空き地がそこら中に見られます。

「先生、あのスーパーも取り壊しが決まっています」。その先には、周囲をフェンスで囲まれた大きな建物があります。そんな解体を待つ建物が、散見されるのです。真夏の晴天のはずですが、街全体がどんよりとした空気に覆われているようにも感じられます。完全なる復興には、10年はかかると言われているとのことでした。

M社は、ネット通販事業をメインにしていました。そして、新規事業として、店舗型のスポーツジム事業に乗り出したのです。すでに、この都市に1店舗を出しています。そして、翌月には、隣接する2つの県に、2つの新規出店の予定が待っています。

私は、お訊きしました。「なぜ、ネット通販の御社が、店舗型のスポーツジムなのですか？」

M社長は、少し考え答えます。「何か、お客様と社員が直接つながれるビジネスをやってみたかったのです。通販事業では、それがありませんから」

そのときの年商は、複数のネット通販サイトを運営することで、5億円ありました。その通販と店舗型ビジネスでは、全くそのつくりは異なります。経営ノウハウも資源も、活かせるものが少ないはずです。それどころか、資源の分散を起こすことになります。

私の考えを知ってか、M社長から補足の説明がありました。

「私自身、全然違うビジネスをやってみたかったのもあります。この先の長い事業家人生のためにも、若いうちに、違うビジネスを経験しておきたかったのです」

M社長は、20代後半に勤めていた会社を辞め、事業家の道を歩み始めました。我武者羅に働いて、いまの規模までネット通販事業を育てあげました。創業から約10年、事業家として次の挑戦をしたくなっていたのです。そして、選んだのが店舗型のスポーツジム事業だったのです。

M社長、「当社には何もない。すべては属人的で、仕組みと呼べるものがない」

やり始めると、やはり必要となるものが全く異なりました。マーケティングのノウハウぐらいは活かせるものの、他は全く違うのです。M社長は、すぐにそれに気づくことになりました。1店舗目では、すでに多くの問題が起きていたのです。そして、翌月の2店舗のオープンが迫っています。

店舗型ビジネス、そして、人対人のサービス型事業のノウハウを、早急に獲得しなければなりません。その支援を受ける先を探しているときに、当社のサイトを見つけました。ホームページのコラムを読み込み、これだと思いセミナーに参加しました。そこで、すぐにコンサルティングを申し込み、第1回目がこの日となりました。

空港から都市部につながる幹線道路の途中から、車は郊外に向きを変えます。徐々に、建物は低くなっていきます。古くからの住宅街のようで、地震の被害も大きかったことが覗えます。

道路から細い路地に入り、車は止まりました。2階建てのプレハブ工法で建てられた建物で、それなりの年季が入っています。

玄関にあるプレートから、5社ほどの法人が入っていることがわかりました。スリッパに履き替え、2階に上がります。階段を一段一段上る度に、ギシギシ音が鳴ります。

事務所内に入ると8名ほどの社員が働いていました。ぱっと見、20代と30代前半までの若い人が多いようです。「いらっしゃいませ」という元気な挨拶で迎え入れられます。

事務所の奥にある会議室の席につくと、すぐにM社長から「先生、これを見てください」と資料を渡されました。それは、経営計画書と事前にお願いしていた課題一覧表です。

私は、止まらない額の汗をぬぐいながら、経営計画書を拝見します。冒頭の数ページだけを確認し、課題一覧表に移りました。

M社長は、私が資料に一様に目を通したのを確認し、話を始めました。

「先生のこの前のセミナーで、うちの会社には何もないことがわかりました。通販事業も含め、すべての業務が属人的で仕組みがありません。こんな状態でスポーツジム事業を始めてしまいました。何からやればいいのでしょうか？」

課題：社員が入社から1、2年の育った頃に辞めていく

1店舗目を立ち上げ、新規オープン2店舗が待っています。しかし、マニュアルはもちろんのこと、店舗の運用ルールも全く整備されていません。M社長はセミナーで、「このまま出店し、スタッ

フを増やせば、忽ち問題になること」を十分に理解したのでした。しかし、そのために何をつくればよいのか、そして、何から手を付ければよいのかが、全く想像もできなかったのです。

通販事業を含め、M社長から提出された課題一覧表には、次のものが書かれていました。

・仕組みが全くない。すべての業務が属人的で、人に仕事が付いている。
・決めたことが、なかなか根づかない。すぐに忘れ去られる。
・経営計画書をつくっているが、何も活用できていない。ＰＤＣＡが回っていない。
・何をやるにも時間がかかる。優秀な人材の不足。
・社員が待ちの姿勢で、積極性がない。意見を出させると、愚痴や問題など、ネガティブなものばかりが出てくる。
・何かあるとすぐに訊いてくる。自分たちで判断することができない。

M社長は、その状況を説明してくれました。そして、「仕組みの改善をやっているのは、私だけです」と付け加えました。

私は、そこまでをお聴きしたうえで、1つ確認をさせていただきました。「社員の退職率は、高くありませんか?」M社長は、答えました。「はい、高いです。入社から1、2年で辞めていく社員が多くいます」

コンサルティングでは、スポーツジム事業の整備を先行することを決めました。オープンが決まっており、急ぐ必要があったのです。また、ネット通販事業については「物販」であり、現状何かしらで回っていたからです。

多くの事業家に欠落する「人材育成に関する根本的な考え方」とは

課題の状況からM社が、年商数億円で止まる会社であることはすぐに確認できました。年商10億円に進むための条件を何も満たしていないのです。そして、当然のこととして、人を使うことも、人を育てることも下手な会社ということになります。その「必要なものとは何か」と、その「構築の手順」をお伝えするのが本書の趣旨になります。これ以降の章で、順次説明を致します。

そして、世の年商数億円企業の社長が行うように、M社長も、社員に関する施策を多くやっていました。新卒採用も行っています。また、定例の理念勉強会と飲み会もやっていました。社員を高額な研修にも参加させます。その取組みの多さを見ると、世の年商数億円社長同様に、社員の育成に何か使命感を持っておられるようにも感じられます。

私はお訊きしました。「スポーツジム事業では、複数のインストラクターが必要になるはずですが、そのインストラクターの育成は、どうやっているのですか？」

M社長は、答えます。「大手スポーツジムの経験者がいます。彼自身がインストラクターであり、教育担当もしていた社員です。その彼が、情熱を持ってやってくれています。だからインストラクターの質には問題ないはずです」

この発言からも、私は、M社長にはっきりお伝えする必要があることを確信しました。この考え方こそが、年商数億円の社長に欠けている根本的な考え方なのです。そして、それが欠けているからこそ、年商数億円で停滞しているのです。

私は、なかなか受け入れられない考え方かもしれないと思い、前置きを入れます。

「M社長、いまから最も大切な考え方をお伝えしますね」。そのうえで、次の言葉を発しました。

「我々は、人を育てたくないのです」

M社長は、この言葉を聞いて固まってしまいました。「……」

私は、ゆっくり繰り返します。「いいですか。我々は、人を育てたくないのです」

我々は、人を育てたくない

これが真実です。これこそが、事業家が持っていなければならない根本的な考え方となります。

我々は、人を育てなくても展開できる事業と仕組みをつくっているのです。だから、大きくすることができるのです。だから、早く展開することもできます。

私は、原理原則をお伝えするときには、敢えて強い表現をすることがあります。それは、目を覚ましていただく必要があるからです。それだけ間違った考え方が、世の経営者の中には浸透しきっているのです。他の強い表現の言葉では、「年商数億円の経営の延長に、年商10億円はない」や「感動サービスはいらない」、「修学旅行以下の会社が多すぎる」と言うものもあります（これらの説明は、当社ホームページのコラムでも詳しく説明しております）。

そして、この「我々は、人を育てたくない」もその1つです。M社長にも、目を覚ましていただく必要があったのです。

もし人を育てなければならないのであれば、それは事業ではないのです。

そもそも事業を大きくするということは、「1つの必勝パターンを横展開すること」を意味します。苦労してつくり上げた1つの必勝パターンを、多くのスタッフと共有し、多くの顧客に提供することで、大きく儲けることができます。

更に、分業を進めることで効率を高めていきます。そこでは、並みの人でも成果を出すことが可能になるのです。

もし人を育てなければ「提供できないサービス」であったり、「回せない業務」であったりすれば、事業を大きく展開することは無理になります。それもスピードある展開は不可能になります。

サービスの提供エリアを拡げたり、受ける案件を増やしたりするごとに、「待った」がかかることになります。また、新しく営業所や店舗をつくることもできません。それは、非常にのんびりしたペースになります。

事業を、スピードを持って大きく展開するためには、「人を育てなくても、十分に顧客を満足させるサービスを提供できる状態」にしておく必要があります。また、「採用した社員が、短期間で何かしらの生産性を上げられる状態」にする必要があります。その状態でなければ、会社としてその期間の人件費が重く圧しかかることになります。

多くの経営者には、この根本的な考え方が欠落しているのです。また、「社員教育は絶対に必要」という、強い思い込みがある方もいます。それどころか、「社員を育てることが自分（自社）の役目」と強い使命感まで抱いているように見受けられる方も少なくないのです。

年商数億円企業に絶対的に欠けるもの。飲食業、BtoBビジネス、建設業で満たすべきこと

我々は、人を育てなくても稼げる事業モデルをつくるのです。

事業モデルとは、「ある課題や欲求を持った顧客」と、「それを解決するサービス」の組み合わせです。そのサービスがその顧客に刺さるものであれば、当然売れることになります。そして、その市場が大きいものであれば、売上は急激に伸びることになります。

そのサービスを提供する現場に「クリエイティブが必要ないこと」が絶対です。クリエイティブが必要であれば、それだけ提供する人に高い能力が求められます。企画、提案、対応力、これらのクリエイティブな要素があるほど、優秀な人が必要になるのです。

その分、事業展開は難しくなります。絶えず採用と育成の問題を抱えることになります。我々が理想とするのは、クリエイティブがなくても、お客様が喜んでくれ、どんどん売れていくサービスなのです。

実際に世の大手企業のビジネスを観てみると、クリエイティブがないようにできています。

飲食店で提供されるものは、料理ではありません。工場でほぼ加工されたものを、店舗で少し調理するものばかりです。そこに、腕のよい料理人はいりません。また、スタッフの対応は、可もなく不可もなくというレベルになっています。それでも我々は、その店のコンセプトや使いやすさを当てにして、繰り返し利用しています。

ＢtoＢであるシステム会社や設備メーカーでも、パッケージ化されたものを販売しています。そこで扱う商品は、ある課題を持つ企業にとっては、非常に買いやすい状態になっています。その説明用の資料は整えられており、保証体制もしっかり準備されています。並みの能力を持つ営業担当者であれば、十分に販売が可能なのです。また、それを製造する現場においても、その多くは繰り返し作業になっています。すでに基本的な設計は終わっており、品質が確保される手順が決まっているのです。

建設業などの現場施工の伴う事業では、どうしても臨機応変な対応や技術力というクリエイティブが、そこで働く社員に必要になります。そのような事業でも、大きな工事を取ることで、クリエイティブを下げることをしています。

単価が大きく、工期が長ければ、それだけ準備に時間をかけることができます。また、複数人のチームで担当することができます。そこに新人を入れることもできます。そこには、新人でもこなせる業務の「まとまり」があるのです。

人を育てなくても稼げる事業モデルをつくる、これが経営のすべてのスタートになります。

採用したスタッフを短期間で戦力化する仕組み

そのうえで、その事業を回すための仕組みづくりに向かいます。「誰でも同じようにやれば、同じような成果が出るという状態」にすることに取り組むのです。

「営業で説明するときに使う資料をつくる」、「顧客を定期訪問する管理表をつくる」、「チームで案件の進捗を確認するために、週1回のミーティングをする」、「企画の漏れがないかをチェックする表を整備する」、これらのすべてが仕組みなのです。

仕組みとは何か、よくわからないという人もいるかもしれません。しかし、我々の会社（社会）のそのすべてが、仕組みなのです。そこには、再現性があります。その仕組みはいつも同じ効力を発揮してくれます。

白い壁紙もエアコンも仕組みです。白い壁は、我々の気持ちにある清らかさと緊張感を与えてくれます。エアコンはボタン1つで、適正な環境を与えてくれます。

仕組みのおかげで、経験の浅い社員でも業務を回せるようになります。また、高い技量がなくても、物を加工することができます。人のミスや忘れを防止し、同時に、手間を大幅に削減してくれます。「会社で何かをやる、イコール、仕組みを整備すること」なのです。

この整備された仕組みの上に、「人を載せていく」のです。

お客様への説明や対応の場面では、どうしても人を前面に出す必要があります。それは、金額（粗利率）が大きいサービスであるほど、その傾向が強くなります。

その「人」を裏から支えるのが仕組みとなります。感じのよい接客もスムーズな顧客への回答も、裏に整備された仕組みがあるから実現できるのです。そこには、情報が整理された資料、すぐに調べられる端末、そして、手順を記したマニュアルがあります。

そして、その仕組みの改善を続けます。問題が起きたときには、仕組みを見直します。人ができないことがあれば、それをまた、仕組みに置き換えていきます。商品の規格が変わったり、事務手続の変更があったりした場合にも、仕組みをつくり変えていきます。

その結果、ある程度の完成度を持った仕組みができ上がることになります。そこまで来ると、人を増やすことが可能になるのです。拠点を増やし営業担当者を増員することができます。エンジニアや施工管理者を採用することができます。

彼らには、マニュアルや業務フローを使用し、作業の手順を理解してもらいます。そして、実際にやってもらいます。その様子を観て必要であれば、その修正ポイントを伝えることをします。これによって、採用された人は、その1つの業務ができるようになるのです。これを繰り返すことで、採用した人を短期間で戦力にすることができるのです。

仕組化が進まない会社が共通してやっていること……研修、面談、組織替え

クリエイティブのない事業モデル、そして、誰でも同じようにやれば、同じような成果が出る仕

組み、これがある程度できた後に、やっと人を採用できるのです。当然、それが完成することはありません。仕組みの改善は、永遠に続きます。それこそが、企業のあり方なのです。

その改善を積み重ねた事業モデルと仕組みこそが、その企業の強さであり、財産なのです。その素晴らしいサービスを、もっと多くの顧客に使ってもらうために事業を拡大します。そのために、募集をかけ、より多くの人たちに働いてもらいます。

その新たに加わった人たちには、自社のノウハウの一部を提供し、速やかに活躍できるようになってもらいます。

事業モデルにクリエイティブが残った状態で事業を大きく展開することはできないのです。また、仕組みが整備されていないうちに、顧客を増やすこともできません。そんな状態で活躍できる人など、そうはいないのです。

「では、なぜ自社の仕組化が進まないのか?」、その答えは明白です。それは、「人」に向かっているからです。「人」に向かっているから、いつまでも社内に「仕組み」ができてこないのです。

問題が起きたときに、少しでも「仕組み」に向かえば、確実に何かはできてくるはずです。「今使っている管理表を見直そう」、「説明用の資料を準備することにしよう」そのような取組みをしてこなかったのです。

その代わりに、「勉強会をしよう」、「彼との面談を設けよう」、「役職を入れ替えてみよう」と「人」に向かってきたのです。残念ながら、この発想のまま何年もやってきてしまったのです。

多くの年商数億円企業では、この事業モデルがダメで、そして、仕組みが積み上がっていない状態で、会社を大きくしようと頑張っています。しかし、当然大きくなることはありません。その結果、年商数億円という規模で停滞することになっているのです。

この事業モデルと仕組みについては、本著書と趣旨が異なるため、ここでは多くは書けません。より詳しくは、私の著書「社長が3か月不在でも、仕組みで稼ぐ、年商10億円ビジネスのつくり方」（白い表紙）を、参考にしていただければ幸いです。

社員を育てるために、社長が考えるべきことは、この1つだけ!!

そして、そこで通常の業務を回せるようになった人には、次の機会を提供することになります。「後輩の面倒を見てもらう」、「業務の改善に取り組ませる」、「1つのプロジェクトを担当させる」これらを与え、その能力とやる気を観るのです。

そして、それをクリアしたことを確認して、次の機会を与えます。それは会社にとって、より大きく重要なものになります。

当然そのときには、相手の力量は考慮します。しかし、そのテーマは、必ず困難を伴うものになります。それは当然です、会社には足りないものばかりだからです。

まだ優秀なスタッフはいません。仕組みの多くがまだ整備できていません。それでも振っていくのです。それがその会社の成長発展には、不可欠であるからです。そして、一緒につくり上げていくのです。

その社員にとっても、それは新しいことになります。新しいことに取り組むから、成長するのです。それがクリアできると、すぐに次の機会、すなわち、新しく取り組むことを与えます。もっと多くの人の面倒と、もっと大きな仕組みの改善を担ってもらいます。

それを繰り返すことで、会社は成長することができるのです。事業の特色をより磨き、仕組みはより進化していきます。そして、市場のシェアも高まり、より儲けやすくなります。そして、そこから得た利益を、再投資します。新たなエリア、新たな仕組み、新たな人と、次の成長に投入していくのです。

こうして、会社は成長発展していきます。そして、人も、成長することになるのです。

この「会社の未来づくり」に、社員を参画させます。この会社の持つ成長サイクルに社員を巻き込んでいきます。その結果、1つの課題はクリアされ、会社は1つ前進することができるのです。

また、この渦に巻き込まれることで、その社員は育つことになるのです。

冒頭にお話した通り、人材育成の目的は、「未来づくりに貢献できる人」をつくることにあります。

そのためにやることは、「未来づくりに参画させること」なのです。参画させるから、育つのです。

未来に貢献できる人材になっていくのです。

社長は、「どのようにして社員を育てるか」などとは、考えてはいけません。

社長が考えるべきことは、「どのように社員を未来づくりに参画させるのか」ということなのです。

未来づくりに参画させられれば、人は必ず育つものなのです。

成長企業は、社員育成のために何もやっていないという事実

実は、人材育成を「特別視」しているのは、中小企業それも年商数億円企業に多く見られる傾向です。人材育成を、大手企業は全く特別視していません。大手企業では、そのために特に何かしているわけではないのです。補助的な使い方で、研修や自己学習のサポートをすることはあります。しかし、その程度です。年商数億円企業のような人格向上のための勉強会をやっている会社は、皆無です。

また、評価制度や面談も、実に「なあなあ」です。それらはあくまでも、補助的なものだからです。それでもあの規模にまでなり、今も大手企業であり続けているのです。

「大手企業だから優秀な人が採用できる、だから人材育成をしなくてもよいのではないか」という疑問の声があるかもしれません。しかし、実際には、「昔」から人材育成のために特別何かをしてきたということではないのです。

私のクライアントにも数社の上場会社があります。そのうちの2社は、一部上場にまで進んでいます。それらの会社でも、年商数億円規模のときから、やはり人材育成を特別視することはありませんでした。それも「全く」です。そして、今もそれは変わりがありません。

成長企業の役員会の場で話し合われるのは、あくまでも事業や仕組みについてです。「何を重点

方針とするか」、「何を目標とするか」という話ばかりです。「人」に関しての話と言えば、その決定したものを、どの部署やどの担当に依頼するかということぐらいです。

逆に、ダメな会社の役員会では、「人」の話が真っ先に来る傾向があります。最初に、人事施策や人事異動の話がされます。そして、すぐに組織をいじろうとします。これこそが　社長の発想が「人」に向かっている証拠です。そして、役員や管理者もそれに倣っていきます。

その結果、「管理者育成のために、管理者研修を行いましょう」と、全く検討違いのことが社長に提案されることになるのです。

「人に向かう」イコール「ロジックではない」のです。そのため、役員会で「人」の話題が増えるほど、「具体的な方針や仕組み」の話は相反して減ることになります。

改革に成功したM社の4年後、グループ会社3社で30億円

私は、M社長にお訊きしました。「成長サイクルに社員を巻き込めていますか？」

M社長は少し考え、答えました。「いいえ、できていません。彼らは、日々同じ作業ばかりやっています。部下を指導することや仕組みの改善は、もっぱら私と一部の幹部でやっています」

私は、成長サイクルに社員を巻き込むことこそが、社長が最優先で取り組むことであると伝えました。M社も、世の多くの年商数億円企業と同様に、社員を未来づくりに参画させられていなかったのです。

年商数億円企業の最大の欠点は、この「未来づくりに社員を参画させられていない」ところにあります。だから、社員が育つはずがないのです。

Ｍ社長は、矢田に訊きました。「先生、社員を参画させる必要性はよくわかりました。しかし、何から手を付ければよいのか、全く想像がつきません」

この瞬間から、Ｍ社の改革が始まりました。

このときのＭ社の年商は5億円でした。次が、４年が経過したＭ社の状況となります。

グループ会社化しており、３社の法人があります。一事業一組織の原則を守り、その３法人それぞれに社長をつけています。グループでの年商は合わせて30億円です。この４年の間に本社を２回移転しています。社長は、３～４年後という未来の構想のために多くの時間を使えている毎日です。

採用にも困ることはありません。新卒者の募集でも２００名以上の学生の応募があります。そして、各会社の社長と管理者を中心として、各事業とその仕組みは成長を続けています。そこでは、それぞれのステージの社員が頑張り、この瞬間も成長していっています。

次章より、このＭ社の事例を中心に、「未来づくりに社員を参画させ、人材に育てていくための仕組みづくり」を具体的にご説明します。

人材育成の５つのステップ、この仕組みを獲得すれば、事業は成長して当たり前

社員を採用し、人材に育てていくステップは、大きく5段階あります。採用された人は、この５

段階を経て、成長することになります。

くどいようですが、これを「仕組み」にします。会社としてその時々に何かするというよりは、淡々と各部門が回していくという状態にするのです。

それにより、自社を「人が育つ会社、人が活きる会社」に変貌させることができます。

第1段階：決めたことをその通りにできるようになる

まずは、自分の受持ちの業務を自分一人で回せるようになってもらいます。基本的な業務と組織人としての態度を、如何に効率よく習得できるようにするのかを考え、仕組みをつくります。これは第2章で、人材育成の基本的な考え方と共に、詳しくご説明します。

第2段階：その道のプロとして、給与以上に稼げるようになる

次は、「プロフェッショナル」という存在になってもらいます。営業、製作、管理など、自分の受持ちの業務で、時々の状況に応じ、適宜の判断をして仕事を納めます。その結果、自分の給与以上を稼ぎ、会社に利益をもたらします。

この段階の社員の数こそが、会社の稼ぐ力といえます。この人材の育成法については、第3章で、特殊加工業F社の事例でご説明します。

第3段階：仕組みの改善に取り組む

いよいよ未来づくりに関わらせていきます。そのためにはまず、1つの仕組みの改善目標を与え、計画的に取り組ませます。上長や他部署の協力を仰ぎながら、1つのプロジェクトをリーダーとして完遂します。

そのでき上がった仕組みにより、より多くの社員やスタッフが効率的に動けるようになります。

第4章、不動産業H社の事例でご説明します。

第4段階：1つの部署の長を担う

管理者として、1つの部署の1年間というプロジェクトを担ってもらいます。

期初に与えられた部門目標達成のための計画を作成します。そして、その実現のためにチームをまとめ、社長や他部署の協力を得ながら、実行していきます。起きる課題や変わる状況に対応し、なんとかその期の目標を達成します。この管理者こそが、事業成長のキーマンとなります。

第5章で、管理者の役目とその管理者を機能させる仕組みのつくり方を体系的にご説明します。

そして、第6章は、採用についての考え方をまとめております。優秀な人を採用するための要所や活かし方を、お伝えします。

第7章では、外部研修の活用の仕方などを紹介しています。その上手な活用により、組織づくりと人材育成をより強化することができます。

第5段階：経営陣（事業部の長）として、活躍してもらう

経営陣の1人として、会社の未来の設計に参画してもらいます。または事業部の長として、その1つの事業の成長に責任を負ってもらいます。

年商10億円が見えた後の組織づくりや、複数の事業の展開を考える社長には、絶対に参考になる内容です。最後の第8章でご説明します。

まとめ

・年商数億円企業の人材育成の目的は、「未来づくりに貢献できる人材」をつくることにある。
・多くの年商数億円企業は、この規模で人材育成に力を入れるが、その成果は見合っていない。その理由は、仕組みでなく「人」に向かっているからである。
・「我々は、人を育てたくない」、これこそが事業家に必要な考え方である。人を育てなくても展開できる事業と仕組みをつくる。だから、スピードある成長と展開が可能になる。
・会社で何かをやる、イコール、仕組みを整備すること。その整備された仕組みの上に、「人を載せていく」。そこで通常の業務を回せるようになった人に、次々と機会を提供する。
・社長は、「どのようにして社員を育てるか」を、考えてはいけない。社長が考えるべきことは、「どのように社員を未来づくりに参画させようか」ということである。
・その結果、1つひとつの課題はクリアされ、会社は成長する。そこで社員も育っていく。

第2章

採用した社員を、如何に短期間で日銭を稼げるようにするか

1　事業を大きくしたいと願う社長が、絶対に持つべき『量産思考法』とは

年商10億円に進むために、絶対に獲得すべき3つのもの

M社のコンサルティングが始まりました。最初に行うことは決まっています。それは、事業を定義するということです。事業を定義することで、自ずと必要となる仕組みと組織が見えてきます。

事業とは「ある課題や欲求を持つ人たちに対し、自社のサービスを提供し、何かしらの価値を実現すること」となります。

そして、その事業を回すために仕組みを整備します。仕組みとは「その事業の再現性と効率性を支える仕掛け」となります。

そして、その事業と仕組みをつくり変えていくのが組織となります。事業と仕組みは、あくまでもその瞬間に最適化されたものであり、時間の経過とともにつくり変えが必要になってきます。そのつくり変えを担うのが、組織なのです。

『事業』があって、それを支える『仕組み』、そして、その事業と仕組みをつくり変えていく『組織』という関係です。年商数億円企業が年商10億円に進むためには、この3つの獲得が絶対に必要になるのです。

変革するぞ！　と決意したときに、最初に手をつけるべきこととは

頭の回転の速いM社長です。私の言わんとすることをすぐに理解されました。そして、言われます。

「当社のこの事業の定義は、○○という欲求を持つ人に対し、○○を実現するスポーツジムです」

それをお聴きして、私はすぐに答えることをしませんでした。

M社長は、私の表情を見て考え直します。そして、言われました。「いいえ、これ違いますね。当社の事業定義は、○○という欲求を持つ人に対し、○○を実現するスポーツジムという店舗を展開することです」

素晴らしい。これこそがいまのM社の事業定義になります。

この「○○という欲求を持つ人に対し、○○を実現するスポーツジム」とは、あくまでも1店舗の定義になります。1つのスポーツジムだけを営んでいる会社であれば、この定義で間違いはありません。これを実現するために、仕組みを整備していくことになります。そして、組織をつくっていきます。その仕組みも組織も、その一店舗を運営するために、最適化されることになります。

「1店舗のスポーツジムを伸ばす」と、「スポーツジムの店舗を展開する」では、つくるべきものは、全く異なります。その事業定義によって、その仕組みと組織の体制も、そして、そのスケールも全く変わることになるのです。

この事業定義こそが、仕組みと組織の体制を決定づけることになります。自社の事業定義をどう

するか、これが違っていたり、曖昧であったり、複数のものがあったりすれば、一貫性はなくなり忽ち迷うことになります。仕組化も組織化も、遅々として進まないことになるのです。

店舗型ビジネスで成功するための要所

社長として、事業定義の決定こそが、第一歩となります。そして、「○○という欲求を持つ人に対し、○○を実現するスポーツジムという店舗パッケージを展開する」となった時点で、本部と各店舗の機能が設計されることになります。

本部が担うのが「仕組みをつくること」と「集約した業務の運用」に対し、各店舗が担うのは「実際にサービスを提供すること」という、分業の設計をすることができます。

店舗展開を支えるためには、多くの仕組みが必要になります。各店舗共通のサービスとその質を確保しなければなりません。また、各店舗の会計や労務管理などの運営のルールも必要になります。その仕組みづくりの機能を担うのが、本部なのです。

また、この本部に多くの業務を集約するほど、各店舗の業務は減り、効率を高めることができます。M社でそれを検討すると、「集客のための広告業務」や「お客様の定期フォロー」や「会計」、そして、「トレーナーの採用から育成業務」が挙げられました。

その後に店舗の業務を書き出すと、その多くは、お客様へのサービス提供に関する業務になりました。「入会の案内と手続」、「施設と設備のオリエンテーション」、「顧客への日々のトレーニングの提供とコミュニケーション」など。他には、店舗の清掃や設備のメンテナンス、そして、月や週という単位で行う本部への報告があります。

よい組織は、『設計層』と『実行層』の両方が機能している

この本部と店舗の機能を、ざっくり表現すると『設計』と『実行』になります。

本部は、サービスや仕組みの設計を行います。それを言い換えると、『未来の稼ぎをつくる』となります。この『設計層』が、「この先サービスをどのようにしていくのか」、そして、「何の仕組みをつくり変えていくのか」を決定します。

そのうえで、その実現に向けて、具体的な方針と行動計画を立て、実際の仕組化のために行動していきます。

そして、その設計されたものを本部の一部と店舗が『実行』します。

この『実行層』が顧客に直接サービスを提供したり、案件管理や事務作業をしたりします。多くの社員やスタッフにより、付加価値が生み出されていきます。それを言い換えると、『今日の稼ぎをつくる』となります。

その実行層の様子を確認し、問題が起きた場合や効率を高められる場合に、設計層がその仕組みの改善を行います。

実行層がしっかり機能するからこそ、お客様を満足させ、今日、そして、今月と今期の稼ぎを得

ることができます。そして、設計層がしっかり機能しているからこそ、来期、来々期も稼ぎ続けることができるのです。

これは、店舗型ビジネスだけに当てはまることではありません。すべての事業モデル、すべての組織に、この2層構造が当てはまります。

工場を思い浮かべてみてください。設計層が、「製品の設計」や「工場での加工方法」や「機械のレイアウト」、「物の流れ」を設計します。そして、それを実行層が実際に加工したり、物を動かしたりします。

BtoBビジネスにおいては、本社という設計層が「商品の規格」や「営業の仕方」、「案件の流し方」を設計します。それを実行層である多くの営業所の営業担当者や事務スタッフが実行するのです。そして、更なる効率化のために、設計層は、その実行の一部であるコールセンター業務や運送業務の外注化の検討に取りかかります。または、省人化のために、システムやロボットの導入を進めます。

実行層の数が増えるほど、相対して設計層の割合は下がっていきます。より利益は大きく、かつ出やすくなります。

そして、各分野のスペシャリストを獲得し、更に分業を進めていきます。それにより、更に早く成長のサイクルを回せるようになるのです。

事業を展開するためには、この「設計し実行する、そして、また設計するというサイクル」が必要なのです。それを獲得し、早く本格的な「実行層の量産」に移行したいのです。それが、我々、年商数億円企業のひとまずの目標になります。

こんな会社は、昨年対比１１０％、１２０％の売上アップを目指してはいけない!?

設計と実行、どちらの機能も会社には必要になります。まずは優れた『設計』があり、そして、それを正しくスピーディーに『実行』するのです。

その実行層の動きや成果を観て、また、設計層がつくり変えていきます。「成長する会社とは、この設計層と実行層が機能し、このサイクルが適切に回っている会社」と言えます。そして、「成長の早い会社とは、このサイクルを高速で回している会社」となります。

会社にとっては、どちらも必要なのです。しかし、「どちらの機能がより重要か？」と訊かれれば、私は、はっきり前者の設計とお答えします。

そのビジネスが儲かるか儲からないかは、その設計の出来に多くが起因します。顧客に圧倒的に支持されるサービスができていれば、苦労せずに売れていきます。仕組みがしっかり設計されていれば、現場の業務は、スムーズに回るようになるのです。

逆に、顧客に必要とされないサービスでは、現場で売るのに非常に大きな力が必要になります。「自分を売り込むこと」ができる一部のスタッフだけが、売れる状態になります。

また、仕組みの出来が悪ければ、当然、無駄や不効率が多くなります。その分、残業や手戻りが多くなり、利益を圧迫することになります。設計が悪ければ、いくらスタッフが優秀でも、成果は出せないのです。

残念ながら、この「設計層が殆ど機能していない会社」が多くあります。社長と一部の優秀な社員だけが、それに関わっているという会社が大半なのです。そのため、何か問題が起きたときに対処はするものの、仕組化という対策まで手が回らないのです。また、時間の経過とともに、サービスが時代遅れになっていきます。徐々に他社に負けだしていると気づいていても、少ない設計層では、それに対応しきれないのです。

その状況に危機感を持つ社長を横目に、多くの社員は実行の日々を繰り返しています。何か問題があると、社長に報告はします。しかし、それ以上はないのです。自分たちで、原因を追究したり、社長に何か提案したりしようとは、微塵も思っていないのです。

この「組織ができていない状態」で、多くの会社は売上を増やそうとしています。昨年対比110％、120％の伸びを目標にして、集客を強化し案件を増やす努力をしています。その結果は、当然、混乱することになります。一時売上が増えたとしても、またすぐに元の水準に戻ることになります。そして、その増えたり減ったりを何年も繰り返しているのです。

設計層がまともに機能していない状態での拡大は、火を見るよりも明らかなのです。

そして、それでも売上を追い続けると、更に悪い状態に陥ることになります。「案件がこなせない」や「人数が足りない」という状況になり、社長と一部の優秀な社員までもが実行層に入り、抜け出せなくなるのです。

その結果、「設計層の全く居ない会社」ができ上がります。会社は、そこから長い停滞期に入ることになるのです。


社長は、「何を量産していますか？」、「何の仕組みを改善していますか？」に即答できること

事業を展開するということは、「実行層を量産すること」を意味します。営業担当者や製作スタッフという実行層が増えるほど、売上は増えていきます。また、儲けやすくなるのです。

そのため、会社の第一の目標は、自ずとこの実行層に関するものになります。「何の実行層をどれだけ増やそうか」という『量産』の目標になるのです。その目標は、「今期は営業担当者を５名増やそう」、「新たに工場をつくり、製造スタッフを20名増やそう」と表現されることになります。

またはその先にある成果として、「今期は新規顧客を１００社開拓しよう」や「生産能力を20％アップしよう」というものになります。

社長は、「我々は、今期、全力で何を量産するのか」という目標を明確にする必要があります。そして、その実現を管理者や社員に依頼するのです。

量産に関する目標を与えることで、会社全体に仕組みの発想を持たせることができます。

この先、それだけの数の顧客やスタッフを増やすことや、その作業を10回も１００回も繰り返す前提であれば、自ずと仕組みをつくろうと考えるようになるのです。それがこの先も続くかどうかがわからないと、その場を口頭での指示や、自分が動くことで何とか収めようとしてしまうのです。

その目標を明確にしたうえで、設計層の社員と共に、その実現のための仕組みづくりを進めるのです。彼らはそれに応え、「ウェブでの集客方法を検討しましょう」、「もっと魅力ある採用ホームページにつくり変えましょう」とアイデアを出してくれます。

社長は、この2つの質問に即答できる必要があります。「今期は、何を量産していますか?」、それと、「今期は、何の仕組みを改善していますか?」

この質問への答えが、会社および組織のすべての活動のスタートになります。

採用されたスタッフが、「辞めさせてください」と。その理由はズバリ! ◯◯のなさ

ここまでの説明を受け、M社長は矢田に訊きました。

「先生、当社の実行層は各店舗ということになりますね。1つの店舗には、数名のトレーナーがいます。目指すのは、トレーナーの量産になりますか?」

トレーナーこそが、M社の稼ぎの源泉となります。彼らがよいサービスを提供し、顧客満足を得ることが企業発展の絶対条件となります。

その結果、店というブランドの評判は高まり、売上は増えることになります。そして、また、次のエリアに出店することができます。M社がこれから取り組むべきことは、店舗の量産であり、実行層であるトレーナーの量産なのです。

この『設計』と『実行』、そして『量産』の概念を持つことで、M社長にはこの先のつくるべきものが見えてきたのでした。本部とその各部署、そして、店舗の機能を支える仕組みとその組織の構想が固まってきたのです。

ここまで来ると、店舗の具体的な業務が見えてきました。その業務こそが、店舗のスタッフが覚えるものとなります。入社したスタッフには、まずはこれらの業務、または、これらの業務の一部を覚えてもらう必要があります。そこでM社長は、感想を言いました。「先生、だから事業モデルの設計の次は、仕組みづくりだったのですね」

店舗のスタッフにこれらの業務を覚えてもらうためには、まずそれが何かしらの「仕組み」になっている必要があります。「仕組みになっている」を言い換えると、「やるべきことが決まっている状態」となります。

当然のことですが、第一段階である「決まったことがその通りにできるようになる」ためには、「やるべきことが決まっている状態」が絶対になります。その状態にあるからこそ、入社したスタッフに「何を覚えてもらう必要があるか」が決まるのです。

そして、その「決まった状態」にあるからこそ、先輩社員や育成担当者は、新入社員に教えることができるのです。

これが、多くの年商数億円企業では、「決まった状態にない」のです。会社としてどのようにするのかを決めることもなく、そして、それが成文化されたものもありません。そのため教える内容は、人それぞれになっています。教える先輩も、「自分はこうしているよ」や「こうだと思うよ」という表現を使い、新人スタッフを惑わせています。

まずは、「仕組み」になっている必要があります。その新人スタッフに体系的に教える仕組みが『訓練プログラム』になります。その訓練プログラムにより、採用された人は、スムーズに業務を習得することができるようになります。また、会社としても多くのメリットを享受することになるのです。

2 社長は間違っても、人を育てようとは考えてはいけない！

大きくするのが難しい事業：販売支援業、建設業、受託型開発業、コンサル業……

この作業を進めているときに、M社長は感想を漏らしました。「サービス業って大変ですね。いままでやってきたネット通販とは比較にならないぐらい大変です」

スポーツジム事業は、サービス型事業の典型です。「相手に合わせた対応が必要」、「サービスの生産と消費が同時にされる」、「お客様へのサービス提供のプロセスで顧客満足度が決まる」という特性を持っています。その特性ゆえに、各店舗や各トレーナーを、本部が直接管理することはできないのです。

また、各スタッフには、自社の基本となるやり方を保ちつつ、お客様の心情と体調に合わせた適宜の対応が求められることになります。

そして、その取組みに終わりはありません。店舗を出店すれば、また人を増やすことになります。また、サービス業ゆえの低くない率で、退職者は毎年出ることになります。その人員を補充し、また、短期間で戦力化する必要があるのです。その品質を保つ取組みに終わりはないのです。

このようなサービス型事業の特性は、物販型事業の代表格であるネット通販にはありません。お客様とスタッフの接点は殆どなく、その多くは物と電子メッセージでのやり取りとなります。その商品と画一的なやり取りで、お客様は十分満足をしてくれるのです。電話によるクレーム対応時以外は、スタッフに瞬間的な判断が求められることはありません。そのスタッフも全員同じオフィスで、目の届く範囲に置くことができるのです。そして、注文や発送業務などの多くも、システムや外注に置き換えることができます。

仕組化もしやすく、そして、サービスの品質も維持しやすいのです。また、その改善を積み上げていくことができます。売上の伸びや物量の増加に伴う増員の必要性も低いのです。

だからといって「うちもネット通販に参入しよう」と、安易に考えてよいものではありません。やはりそこにも、大変な苦労があります。

何の特色もなしにやれば、「低い粗利率」、「高い広告費と送料」により、間違いなく収益性の悪い事業になります。動かした物量（金額）の割に、儲かっていない状況に陥ります。また、通販サイトのつくりも取り扱う商品も外から丸見えであるため、競合に真似をされやすいのです。

どんな事業においても、その特性を理解したうえで、勝てる理由を持った事業を構築する必要があるのです。

元々物販型事業をやってきたM社長が、サービス型事業で苦労されるのは、至極当然なことなのです。世のサービス型事業の代表格が、次のものになります。

販売支援業、建設業、外構工事やリフォーム業、不動産業、システムや設備の受託型開発業、多くのBtoBやコンサルティング業、美容や教育サービス業。

これらの業種においては、いかに「サービスの品質を維持するか」というところが重要になります。また、「採用したスタッフを、いかに短期間で戦力化するか」というテーマも避けては通れないものになります。実行層の「品質の維持」、「短期戦力化」を実現するために、仕組み」を整備することになります。

すべての事業に共通する、よいサービスの3大条件

店舗型スポーツジム事業M社は、2店舗が新規オープンし、合わせて3店舗が稼働し始めました。急いでいるものの、やはり仕組みづくりには時間がかかります。そのため多くの問題が起きていました。

あるスタッフは、入会手続時にお客様に説明が必要な内容を漏らしていました。また、あるトレーナーは、個別トレーニングで間違ったアドバイスをしていました。

これらは、お客様からのクレームがあったことで、明るみになりました。M社長は、サービス型事業の難しさを痛感したのでした。サービスの品質を保つこと、そして、お客様の満足度を測るための仕組みが必要であることを体験したのでした。

分析をすると、これらが起きた原因は、「サービス品質が統一されていないから」ということに集約することができました。お客様に提供されるサービスがバラバラだったのです。

サービスの品質のよし悪しは、その『基準』と『許容範囲』で決まります。

まずは、そのサービスの設計の『基準』が、お客様の求めるものと合致していることが必要です。そして、それがお客様の『許容範囲』の中で提供されたときに、「サービスがよい」という評価を受けることができます。そして、それが次のときも、またその次のときもよければ、「あの会社（店）のサービスはよい」との信頼になります。

「サービスの設計がよいこと」、「その設計通りにサービスが提供されること」、そして、「その後もそのサービスが安定していること」、この３つが必要になるのです。

これが、社員数名という規模であれば、難しくありませんでした。社長の中に品質の基準があり、その社長が中心となってサービスを提供するのです。そして、スタッフ全員が社長の目の届く範囲にいます。社長がそこにいる限り、品質は保たれ、継続的にお客様を満足させることができます。

しかし、この先大きく展開することを望むのであれば、当然、このままでは無理となります。社長が現場に居なくても、多くのスタッフが、同等のサービスを提供する仕組みをつくる必要があるのです。

サービスを設計するために、方針書やマニュアルという目に見える形にする必要があります。それにより、自社のサービスはどうあるべきかという基準が、明確に定義されることになるのです。

そして、それがその通りに実行されるように、訓練制度を設けます。訓練制度により、採用されたスタッフを短期間に、許容範囲に入るレベルにまで持ってきます。その後も、そのサービスを安定させるために、維持する仕組みをつくります。

これにより、よいサービスが提供されていきます。そして、会社として継続してよいサービスが提供できるようになるのです。

人はそれぞれの当たり前を持つ

優秀で真面目な2人のスタッフが辞めたいと言ってきた

M社長は、この過程で、すごく重要なことに気づきました。それは経営をするうえで、非常に重要な考え方です。それは、人には「当たり前というものがない」ということです。

人は、生まれ持った個性も育った環境も違うのです。「それぞれが異なるものを持っていることが当たり前」なのです。自社にいるスタッフは、それぞれの「挨拶のやり方」や「コミュニケーションの取り方」を持っています。

そして、お客様も自分が常識とする挨拶やコミュニケーションのやり方を持っているのです。それらすべてが、誰かの「当たり前」なのです。そして、それは、誰かの当たり前ではありません。それ以上に、それは当社の考える当たり前ではないのです。

それがたまたま当たったときが、お客様が満足する状態ではダメなのです。それでは、スタッフへの丸投げであり、ただの運頼みになります。

M社長は言われました。「だから、サービスの設計が必要なのですね。そうでなければ、スタッフもお客様も不幸にすることになりますね」

今回クレームを起こしたスタッフも、それをよかれと思ってやっていました。誰も悪いことをしたいとは思わないし、お客様に喜んでもらいたいと思っています。たまたま、それが外れてしまっただけなのです。

その理由は明確でした。その当たり前の『基準』がないからです。会社としての基準がないから、自分たちの持つ当たり前でやるしかなかったのです。

ある者は、親から受け継いだ態度でお客様と接するしかなかったのです。また、ある者は、以前の職場のやり方を踏襲しました。よかれと思ってやったのです。その結果、悪い評価を受けてしまったのです。

そのタイミングで、１店舗目の２人のスタッフが辞めたいと言ってきました。彼らは、優秀で真面目な２人です。優秀で真面目なだけに、その仕組みの欠陥も、お客様への不誠実さもわかってしまうのです。

M社長は、彼らに対し、素直に自社の取組みの不備を認めました。そして、もう少し時間が欲しいと頭を下げたのでした。そんなM社長の真摯な態度に、そのスタッフは会社に残ることを決めてくれたのでした。

訓練プログラムの効果その①：サービスのバラツキを抑える

店舗におけるスタッフの業務一覧ができました。そこには、店の業務のすべてが書かれています。それを見て、M社長は言いました。

「ここに書き上げたもの1つひとつに、マニュアルが必要になるのですね」

その口調には、1つのものを完成させたという満足感と、「これから大変だなぁ」という思いが込められています。

私は、大きく頷き、この後の取組みについてご説明をしました。「それらがM社としてのサービスの基準となります。そして、訓練プログラムによって、そのサービスのバラツキを抑えることになるのです」

我々は、できるだけサービスのバラツキを抑えたいのです。

「あの人はできて、あの人はできない」や「あの人はこうやって、あの人はこうやる」という状態をなくしたいのです。

目指すべきはあくまでも『量産』であり、新規採用者全員を「決まったことが、その通りできるようにする」ことなのです。そのための訓練プログラムとなります。

訓練プログラムの効果その②：入社初期の退職率を下げる

訓練プログラムは、「サービスのバラツキを抑える」という以外に、大きなメリットを複数、我々に与えてくれます。その1つが、「入社初期の退職を防げる」というものです。

入社したばかりのその社員の心の中は、「職場に馴染めるのだろうか」、「自分に務まるのだろうか」という不安でいっぱいです。そこにしっかりした訓練プログラムがあり、その計画や内容を伝えられれば、安心することができます。

また、入社からの数日や数週間での退職の原因の殆どは、教える側にあります。

「教える人によって教える内容が違う」、「面倒くさそうに教える」、「教える内容を詰め込み過ぎる」そして「全く教えていない」。

この状態が、不安な気持ちや余所者感を助長することになっているのです。その結果としての入社初期の退職につながっているのです。

訓練プログラムを整備することで、この入社初期の退職は殆どなくすことができます。

もし、その新入社員が残ってくれたとしても、問題はそれだけでは終わりません。「体系的に教わっていない人が社内に増えていくこと」になるのです。

その結果、職場には「それについて全く教わっていない人」が散在することになります。そして、それが、お客様の「以前のスタッフはこうやってくれたのに……」という不満になります。

また、繁忙期に、「あの人はこの業務ができて、この人はできない」という状況になります。誰かが、休んだときにも、補填ができなくなるのです。

少ない人数で現場を回さざるを得ない中小企業としては、全員がある程度業務を知っており、多少はできるという状態をつくっておきたいものです。

訓練プログラムがなかったり、脆弱なものであったりすれば、「体系的に教わっていない」すなわち「実はわかっていない人、実はできていない人」が、毎年社内に積み上がっていくことになります。

訓練プログラムの効果その③：合わない人を早期に発見できる

訓練プログラムは、その一方で「合わない人を早期に発見する機能」も発動することになります。

「決まったこと」をやってもらうと、どうしても「できない人」が出てきます。

基礎能力の適性がなく習得が遅すぎたり、ミスが多すぎたりすることがあります。また遅刻が多かったり、注意しても態度を改めなかったりと、組織人としての態度に問題があるケースもあります。

訓練プログラムによって、このような人が浮き彫りになるのです。そういう方には、退職か、他の部門（その適性を活かせる）への移動を提案することになります。その過程を経ていることと、入社したばかりということもあり、本人もその提案を受け入れやすくなります。

訓練プログラムがない会社では、「絶対的な基礎能力の不足」や「粗悪な態度」の社員が、そのまま残ることになります。それを明確に判断するだけのものが得られません。その結果、1年が経つ頃にやっと、職場からの報告もあり、本気でその扱いを考えるようになるのです。

このときの答えは、2つに1つしかありません。「正してもらう」か「辞めてもらうか」なのです。時間が経っていることもあり、その本人もその注意には、素直に従えない状態になっています。その結果、その社員は会社を去ることになります。

M社長の「スポーツのことを勉強したい」という社員に、辞めてもらうことにした経緯

このとき、M社長は、ちょうど1人の新人トレーナーのことで悩んでいました。その彼は、体育大学を出て、「スポーツについてもっと勉強したい」とM社に入社してきました。M社長が採用面接で会ったときには、笑顔もさわやかで、非常に人がよさそうな印象を持ちました。

そこに間違いはなかったものの、訓練期間中に、気になる点が出てきたのです。それは、「コミュニケーション能力」についてです。

人と話すことや説明することには、大きな問題はないように感じました。しかし、間を読むのが下手なのです。訓練プログラム期間中に、M社長と育成担当の社員は、その欠点を知ることになりました。

頷きや相槌のタイミングなど話していると、何とも居心地の悪さを感じてしまうのです。それを

修正するために、何度もトレーニングやロールプレイングをしました。しかし、大きく改善することはありませんでした。

M社長は、それでも、実際に現場に出て経験を積めば改善されるだろうと、店舗に配属することを決めたのでした。

そして、1か月ほどすると、数名のお客様から担当を変えてほしい、との申し出がありました。1名の方からは、退会と返金の要請がありました。この状況には、当の本人もショックを受けていました。

能力には、後天的に身に付けられるモノと、そうでないモノがあります。トレーニング機器の扱い方や栄養の取り方の指導などは、教えればほぼ全員ができるようになります。それに対し、コミュニケーションの出来は、その人の素養の部分が多く関わってきます。

特に、M社のトレーナーという、「人と人との距離が近いコミュニケーション」が必要となる職種では猶更です。そのお客様の人柄やそのときの心理状態に合わせて伝え方を工夫したり、かつ、モチベートしたりする必要があります。

ここまでのレベルのコミュニケーション能力を、訓練プログラムで開発することはできないのです。

少なくとも、「その当時のM社」には、できなかったのです。

M社長は、その社員との面談の場を設けました。そこで提案をしました。「どうだろうか、本部の事務スタッフとして働かないか」。店舗が増えてきたこともあり、ちょうど本部機能を強化することを考えていたのです。

その提案に、その彼も、すぐに返事をすることはできませんでした。まだ、直接的にスポーツに関わる仕事をしたいと考えていたのです。また、M社の居心地のよさも感じていたのです。

M社長は、「お客様には申し訳ない」と思いながらも、その後も彼にお客様を付け続けました。しかし、お客様からの「担当を変えてほしい」という要望がなくなることはありませんでした。

先輩社員が後輩社員に教えている、そのときにチェックするべきこと

いよいよかと考えているタイミングで、本人から面談の申し出がありました。それは、残念ながら、退職の申し出でした。

スポーツの分野を勉強したい、その自分の想いを優先したいとのことでした。それであればと、M社長は、「頑張ってください」と送り出すことにしたのです。

これが、「合わない人を早期に発見できる」という、訓練プログラムの効果です。それによって、合わない人を早期に、再訓練や配置換えできるようになります。時に、退職の推奨をすることもできます。

これは、決して残酷なシステムではありません。もし体系立った訓練プログラムがなければ、それが判断できないために、その期間が無駄に長くなるだけなのです。そして、本人も辞めるという

決断ができなくなります。その判断は、会社にとっても、本人の人生にとっても、早いに越したことはないのです。

当然、「あきらめずに続ければ、必ず芽は出る」という見方もあります。しかし、そこは一民間企業であり、まだ小さな会社なのです。ある程度の効率は必要になります。そこまでの我慢もできないのです。

ここで思い出していただきたいのが、第1章での私の「我々は人を育てたくない」という言葉です。この言葉には、2つの意味があります。

1つ目の意味は、ご説明した通り「人を育てなくても、儲かるビジネスをつくる」ということにあります。

量産の現場にクリエイティブが必要であれば、並みの社員ではこなせなくなります。それでは、事業を大きく、早く展開することが無理になります。

クリエイティブがなくても、市場にウケて、儲かる事業モデルを見つけることが必要です。

そして、もう1つの意味は、「人を育てるのでなく、仕組みを育てる」ということです。この意味を絶対に忘れてはいけません。我々はあくまでも、「人を育てているのでなく、仕組みを育てている」のです。

訓練プログラムも、その仕組みの1つなのです。

1人のスタッフを新たに採用しました。その人に、訓練プログラムを提供します。それにより、ある期間で、ある程度の業務をこなせるようになってもらいます。このときに我々が観ているのは、あくまでも訓練プログラムなのです。

「今年採用された社員は、スムーズに業務を覚えることができただろうか」、「難しすぎてモチベーションが下がることはなかっただろうか」、「その期間で合格基準をクリアできただろうか」このように訓練プログラムの出来を確認しているのです。

実際に現場に配属してみると、ある分野の知識不足が露呈しました。早速、それを補うための時間を、訓練プログラムに加えることにしました。

このように、我々が観るべきものは訓練プログラムなのです。我々が育てるべきは、人ではなく、訓練プログラムなのです。

この自社の訓練プログラムに、改善を積み上げていきます。今年よりも来年、そして翌年、新たに採用した人で試すほど、訓練プログラムはよくなっていきます。それを数年繰り返せば、その訓練プログラムは、自社の強みと呼べるレベルにまでなっています。このでき上がった訓練プログラムこそが、自社の財産になるのです。

投資家向きサービス業のK社長の優秀でない人を採用する驚きの理由とは

この話を書いていると、投資家向きの不動産サービス業K社長とのエピソードが思い出されます。

社長室に通され、私が席につくと、すぐにK社長が書類を手渡してきました。

「先生、この2人のうち、どちらかを採用しようと考えています」

K社は、事業モデルの変革が終わり、展開の段階に移っていました。そのために営業担当者の募集をかけていました。

その応募者2名のうち「どちらがよいか」をK社長は、私に訊いてきたのです。

私は、それぞれの書類を拝見して、迷わず答えました。「この方ですね。近い業界の経験もあります。また、基本能力も高そうです」

K社長は、その答えを聞いて、「当然、そうなりますよね」と答えました。そして、少し間をおいて、驚くべき発言をしました。「そうなのです、彼は面接の評価も高いのです。しかし、今は、もう一人の彼で試したいのです」

今回の営業担当者の採用に、K社長は、2つの目標を持っていました。1つは、「より能力も経験もない人で成果出すこと」、そしてもう1つは、「入社から1件目の成約までの期間を短くする」と言うものでした。

この経験もあり能力の高そうな方なら、今の自社の仕組みに載せれば、十分な成果が出せるのは、間違いありません。

しかし、それでは今回の狙いとは異なるというのです。自社の仕組みの完成度を上げることにはならないのです。

もう1人の「業界未経験であり、やや能力が低そうな人」で試してみる、それも「短期間に」。

それで十分な成果が出せることが確認できれば、ひとまずのこの仕組みの完成になります。

採用から1件目の受注までの最短に挑戦！　入社1か月で……

投資家という人たちに、何かのサービスを売ることは容易いことではありません。また、そのサービスは、かなりの高額なものなのです。

このサービスに、Ｋ社長は自信を持っていました。その商品と売り方を、社長自らが販売の現場に立つことで確立をしてきました。そして、１つひとつを、仕組みにしてきました。その仕組みがある程度できたところで、１人目の営業担当者を採用したのです。その１人目が1件目の契約を取ってくるのに、入社から８か月がかかりました。

その８か月間、Ｋ社長は、その営業担当者をトコトン観察したのでした。そして、営業資料やマニュアルなど、すべての完成度を高めていきました。また、それを訓練プログラムに反映させていきました。

そのうえで、２人目の採用に移ったのです。仕組みと訓練プログラムの改善の成果もあり、１件目の契約を、入社から３か月という短期間で受注することができました。当然、その２人目の様子も、Ｋ社長は観察し、仕組みの改善に活かしていきます。

そして、今回の３人目の採用に取り掛かったのです。Ｋ社長は、次は、「入社から1か月での受注」を目標にしていました。

「未経験でも、それほどの高い能力でなくとも、投資家向けの高額の商品が売れること」が確認できれば、本格的に営業担当者を増やすことができます。また、他のエリアに営業拠点を出すこともできます。

結果的には、K社長は、この2名とも採用することにしました。業界経験のある者を管理者候補にしました。このときには、営業所の『量産』の仕組みの整備も進めていたのです。

業界未経験でやや能力が低いと思われる社員も、狙い通り1か月で契約を取ることができました。その報告を聞いたときに、K社長は飛び上がって喜びました。そして、その本人は、「社長、ありがとうございます。こんな自分でも成果が出せました」と感謝とその喜びをK社長に伝えたのでした。

人は全員いなくなる、が企業の前提

社員を育てるのでなく、仕組みを育てる。これこそが、事業家の考え方となります。

成果の出る仕組みをつくる、これがすべてです。そこに、社員を入れて活躍してもらう。未熟な人にも、活躍できるようになってもらう。そのために、また仕組みを整備するのです。

これこそが、『設計』の概念になります。『実行層』である社員が活躍できるかどうかの大部分は、『設計層』の働きに寄るところが大きいのです。

設計層の頂点に立つ社長の持つべき思考は、あくまでも仕組みづくりにあります。人ではなく、仕組みを育てるのです。その一部に訓練プログラムがあります。我々は、訓練プログラムを育てているのです。そして、その訓練プログラムで育った社員の中から、見込みのある社員を次に上げていきます。

能力もやる気もある社員を、『設計層』に上げるのです。その社員にも仕組みの改善に参画してもらいます。また、リーダーとなって部署の目標達成に貢献してもらいます。その社員は、そこで次の挑戦するべきテーマを持つことになり、また成長することになります。

くどいようですが、間違っても「人を育てよう」とは、考えてはいけません。人は必ずいなくなります。辞める人も少なくありません。優秀な人には、より上の役割を担ってもらいます。その結果、サービスの『量産』の現場では、絶えず人が入れ替わっていくのです。これが、成長している会社というものなのです。

もし人に向かい、「人を育てよう」とすれば、結果的には何も残らないことになります。会社としても、仕組みとしても、何も積み上がっていかないのです。

聞けば、当たり前の考え方かもしれません。しかし、この考え方を持っていない経営者が世には大勢いるのです。そして、社員教育や人事施策に多くの時間と経費を取られることになっています。それでは、成果はでないのです。大志を持つ社長や優秀な社員の人生と労力がそこで無駄になることを、本当に私は残念に思っています。

この第2章では、訓練についてご説明してきました。採用した人を「決まったことが、その通りにできるようにする」ことが人材育成の第一段階です。

次の第3章では、人材育成の第二段階である「その道のプロとして、給与以上に稼げるようになる」をご説明します。お客様に喜ばれる、臨機応変に現場を仕切る、そんなプロフェッショナルな社員の育成に取り掛かります。

まとめ

- 『事業』があって、それを支える『仕組み』、そして、その事業と仕組みをつくり変える『組織』。年商数億円企業が年商10億円に進むためには、この3つの獲得が必要になる。
- 組織は、大きくは『設計層』と『実行層』に分かれる。実行層がしっかり機能することで、今日の稼ぎを得る。事業を展開するということは、この実行層を『量産』すること。
- 設計層は未来の稼ぎをつくる。この設計層が機能せず、仕組化が進んでいない会社は多い。
- 人対人のサービス型事業では、「サービスの品質」を保つのが難しい。だからこそ、採用した人を「バラツキを抑えた状態にする」ための『訓練プログラム』を整備する。
- 訓練プログラムは、「早期退職防止機能」と「合わない人を早期に発見できる機能」も持つ。
- 「人を育てているのでなく、訓練プログラムという仕組みを育てる」。この意識を絶対に忘れてはいけない。新入社員で試し、その改善を積み上げる。そのでき上がったものが、会社の最高の財産となる。そして、その期間の更なる短縮に挑戦する。

第3章

自分の給与以上に稼ぐ
プロフェッショナル社員の現場育成法

1　考えられない社員ばかりになる、その原因とその根本対策

人材育成の本当の主役とは　訓練プログラムの本当の意味とは

プロフェッショナル人材の説明に入る前に、「1つの原則」を確認しておきましょう。これは、第一段階である「決まったことが決まった通りにできるようにする」と、この章で説明する第二段階である「その道のプロとして、給与以上に稼げるようになる」の、どちらにおいても当てはまることです。それどころか、人間社会における「人に教える」ということすべての原則になります。

その原則とは、「教えるほうが主役である」と言うことです。決して、新入社員や後輩という教わる側ではないということです。

実際に、その新入社員に直接触れるのは、受入側の部署とその育成担当者になります。その成否の鍵は受入側が持っています。

その受入側をコントロールするために、訓練プログラムがあるのです。訓練プログラムを言い換えれば、「新入社員育成の依頼書」となります。

そこには、会社としての「新入社員に教える内容とその順番、そして、標準とする期間」が書かれています。その訓練プログラムは、「職場に慣れるまでの1週間は、この単純な作業をやっても

らおう」、「この業務は難易度が高いから、３か月経った後に覚えてもらおう」というように、本人の受け入れやすさやそれぞれの業務の難易度を考慮してつくられています。

そして、そこには合わせて、「教える側の心構えや教えるときの注意事項」も書かれています。

新人がすぐに辞める一番の理由は、先輩の冷酷な態度

「訓練プログラムによる依頼」があることで、受入側の部署とその育成担当者は、大きく変わることになります。明確に指示されていることで、会社から「それだけの時間と手間をかけてよい」という承認を得たことになります。その結果、受入側に責任感と安心感を持たせることができます。

そして、新入社員をその部署全員で気にかけようという空気が生まれることになるのです。

そんな職場や先輩に対して、その新入社員のほうもよい印象を持つことになります。それが、会社に対する信頼になっていきます。

そして、後に、自分が先輩になったときに、「自分が受けたことと同じこと」を自然にやるようになります。その社員もまた、親身に後輩の面倒を見るようになるのです。また、自分が教える担当でなくとも、新入社員の存在を気にかけ、声掛けをするようになります。職場では、思いやりの風土とその循環ができることになります。

「訓練プログラムという依頼書」がない状態で職場に送り込めば、この逆の現象が起きることになります。その受入側の態度は、こちらが思っている以上に「冷酷」になるのです。

教える部署もその育成担当者も、日常の業務があり、余裕があるわけではありません。また、どれぐらい関わればよいのかが、全く想像ができないのです。その結果、ほったら小しになったり、その1人の担当者に任せっきりになったり、説明を省いたりする状態になります。そして、その結果としての、「入社初期の退職」につながるのです。

その「入社初期」を乗り切ったとしても、その新入社員の職場や会社に対する心情は、よくないものになります。そのときの体験が会社に対する不信感になり、後々まで残ることになるのです。

そして、その「自分がされた扱い」を後輩にするようになります。その社員にとっては、「教える」基準がそれになっているのです。その結果、職場には、悪い教え方という文化と、人間味のないギスギスした風土ができ上がることになります。

これは、決して彼らに、責任があるわけではありません。あくまでも、「訓練プログラムもなければ、依頼もされていない」という仕組みの不備にあるのです。仕組みは、よくも悪くも、その通りの再現性を発揮してくれることになります。

次の管理者育成のためにぜひ取り入れたい、若手社員にアレを任せる

やはりその中心である育成担当者は、最も大きな影響を受けることになります。教える側に回ることで、その意識が大きく変わることになるのです。

いままでは、「自分が成長し、自分が成果を出すこと」が求められました。それが、「教える相手

が成長し、その相手が成果を出すこと」が、求められるようになるのです。

教える側は、このときに大いに戸惑うことになります。それは当然です。生まれてこの方、人に教えた経験などないのです。どう教えたらよいのか、全くわからないのです。

そんなとき、よくできた人なら、自分で本を買って勉強するかもしれません。しかし、実際には、そんな人はそうはいないのです。何の知識も準備もなしに、新入社員を迎えることになります。

その結果、その育成担当者自身も緊張した状態になり、その教え方が横柄になったり、冷たくなったりしてしまうのです。そのときに新入社員の方は「恐い先輩」という印象を持つことになります。

その状態が長く続くと、その新入社員が辞めてしまうことになります。このときには、その育成担当者も大きく傷つくことになるのです。

そこに「訓練プログラムという依頼書」があれば、その教える側の社員は、落ち着いて教えることができます。教える内容も教えるときの心構えも書かれているのです。それ以上に、「人を教える行為」に意識が向くことになります。「どう声掛けをしたらよいのだろうか」、「わかりやすく説明するためには……」と自分の中に、初めて課題を持つようになるのです。

また、教えるために、事前にその業務を見直すようになります。マニュアルを読み込み、足りない項目や変更になった点を追記します。そして、そのマニュアルを使い、自分の口で体験談を交え、新入社員に教えていきます。その業務をより深く理解することになるのです。

その結果、無事にその新入社員を「一応の作業ができ、職場に馴染ませる状態」にすることができました。育成担当者と新入社員のその関係もよいものになっています。

この経験が、教える側の大きな自信になります。その育成担当者も成長することになったのです。そして、その「新入社員の育成担当を担うこと」が、その人にとっての「管理者への第一歩」になります。

管理者の業務である、「部下を指導し成果を出すこと」を経験したのです。また、「仕組みの改善」に少し関わることになったのです。これは、会社の「未来づくり」に少し参画した状態と言えます。その意識と能力を開花させることになるのです。「新入社員の育成担当を担うこと」こそが、管理者への登竜門であり、会社にとっての「管理者育成の1つ目の仕組み」になります。

「教育担当者になること」、そして、「訓練プログラム」には、これだけの効果があるのです。それを、多くの年商数億円企業は持っていません。それどころか、考えもなしにその機会を捨ててしまっているのです。これは非常に勿体ないことです。

たまに、この育成担当者になることを断る社員がいます。それは、「訓練プログラムがない」ことによる「自分の精神的な負担が増えること」、そして、「他のメンバーの無関心な状態が予測されること」が、主な原因であることを最後に付け加えておきます。

部長、課長、主任、一般社員、本当の彼らの役目

組織の中における「役職の重さ」と、「受持つ未来のスパン（長さ）」には、明確な相関関係が存

在します。

組織の中では、上に行くほど『未来づくり』に関わる役目を担うようになります。その未来のスパンは、長くなるのです。逆に、下に行けば行くほど、その未来へのスパンは短くなり、より『現在』に近い役目を担うようになります。

そのスパンの目安は、次の通りです。社長は3年以上、部長は2～1年、課長は1年～半年、主任は半年～1か月となります。そして、一般社員は1か月～今日という日になります。

それぞれの階層が、それぞれのスパンを担うことで、会社は存続することができます。未来に向けて先手を打って、事業や仕組みを変えていくことができるのです。また、現場を回し日々の生産高を上げることができます。

第2章では、日々の生産高をあげる実行層の短期戦力化について、ご説明をしました。採用された社員を訓練プログラムに載せ、まずは最低限の業務をこなせるようにします。この期間を如何に短くするかが、企業のノウハウであり、強さになるのです。

ただ、ここで満足することはできません。それでは、日常業務をこなすことはできても、「自分の給与以上に稼げる」というレベルには、達しないのです。

稼げるということは、「自分で、1つの仕事をしっかり納められる」状態を指します。それは、言い換えると「その道のプロフェッショナル」となります。

営業担当者は、問い合わせのあったお客様を訪問し、ベストな解決策を提示し、契約までとりつけます。そして、その導入がスムーズにいくように手伝いをします。当然その過程において、お客様を満足させる必要があります。

施工管理者は、1つの工事の計画作成から業者や材料の手配を行います。そして、その工程と品質を管理し、竣工までこぎつけます。その結果として、会社に利益をもたらします。

これが、稼げるという状態です。営業担当者、施工管理者というプロフェッショナルなのです。

入社時の訓練が終わった社員を、次は、このプロフェッショナルと呼べるレベルにしなければなりません。ここまでこられて、『実行層』の完成となります。

次に獲得すべきは、プロフェッショナルの『量産』の仕組み

プロフェッショナルとは、安心して1つの仕事を任せられる相手です。品質、納期、コスト、そして顧客満足を獲得し、仕事を納めてくれます。

なんだかんだ言っても、会社の稼ぎはこの実行層で生み出されるのです。このプロフェッショナルが社内に何人いるかが、その「会社の規模」と言えます。この実行層の量産こそが、売上増に直結するのです。それを我々は、毎期「売上を昨年対比120%伸びにする」という目標で表現をしているのです。

年商数億円企業では、このプロフェッショナルが絶対的に不足しています。そのため社長と一部の優秀な社員しか、売上を上げていないという状況に陥っているのです。その一方で、他の多くの

社員は、アシスタントレベルの業務と指示されたことだけをこなす状態になっています。

そのような「実行層を量産できていない状態」で、売上増を求め、集客を強化し、また新たな人を採用しようとしています。これでは、混乱して当たり前なのです。

次に我々が目指すべきことは、このプロフェッショナルの『量産』なのです。そのために、次に構築すべきものは、『プロフェッショナルを量産する仕組み』となります。

その道のプロが共通して持つ2つの能力は、「予測」と「応用」

そのためには、プロフェッショナルの能力とは何かを知っておく必要があります。それは、大きく2つの能力だと言えます。

1つは、『予測』です。仕事の先を読む力だと言えます。また、先を読んで、それに具体的に手を打っていく力となります。プロフェッショナルは、高い予知予見の力を持つのです。

もう1つは、『応用』です。その場そのときに応じて、適宜の判断ができる能力です。実際の業務の中では、マニュアルに載っているような基本的な手順でこなせるものは、全体の8割もありません。残りの2割には、臨機応変な対応が求められます。

この2つの能力があることで、初めて、仕事を納めることができるのです。

プロフェッショナルな営業担当者は、お客様を訪問する前に、その会社の事業の特性や業績、担当者の思考などから、どのように商談を進めれば受注に近づけられるかを考えます。そして、商談の場において、顧客から本当の関心事を聞き出したり、お客様の社内で検討していただくことを伝えたりします。

急遽、お客様から仕様の変更の申し出がありました。その変更を承る旨を伝え、すぐにスケジュールの見直しと、再手配に取り掛かります。合わせて、その場で追加費用や納期の交渉を行います。その結果、最後までお客様は不安や不満にならず、スムーズに納品することができます。また、自社もしっかりと利益が確保できるのです。

世の中のプロフェッショナルと呼ばれる人たちの何がすごいかというと、この『予測』と『応用』の力なのです。彼らは、何かしらの原則と理論、そして、経験を持っています。彼らには、素人やお客様では見えていない問題点や手順などが見えているのです。また、未経験のイレギュラーに対しても、冷静にそして適切に対応することができます。

このプロフェッショナル、すなわち、稼げる社員を量産するのです。そのための具体的な考え方と取組み方を、次のF社の事例でご説明します。

金属部品の特殊加工業F社長の「仕組みはできています」、しかし、実際は……

地方都市郊外の工業団地に、金属部品の特殊加工業F社の事務所はありました

当社の主催するセミナーに参加されたのがきっかけです。工場も見てほしいとの要望があり、私もその技術に興味があったことから、この日は訪問しての面談となりました。

社長室に通され待っている間に、部屋を見渡しました。社長机の後の棚には、本がびっしりと並んでいます。見上げると、額が掲げられています。そこには、「熱意」、「技術」、「誠実」の三文字が並んでいます。

業界では、その技術力に定評があるＦ社です。メーカーからは、新製品の加工方法や不具合品の対策の相談が持ち込まれてきます。メーカー担当者としても、Ｆ社という相談先を確保しておきたいところです。そのため、仕事は継続的に入ってきていました。

特殊であり、人の手を使う加工業であるため、高粗利率を確保できています。生産工程の無駄をできるだけなくすことで、大きな利益を出せていました。このときの年商は３億円、従業員数は20名ほどでした。

Ｆ社長は、そこまでの説明を私にして言いました。「先生、３年前から仕組化に取り組み、なんとか形になってきました。今は、人材育成の必要性を痛感しています」。

毎期、業績はよいものの、会社の規模は大きくなっていません。Ｆ社長も40代後半とまだ若いのです。会社をもっと大きくしたいという欲も持っていました。しかし、実際には毎期、同じような年商を繰り返していました。Ｆ社長は、その一番の原因に「人が育っていないこと」を挙げていました。

私は、確認をさせていただきました。「仕組みはできているのですね」先の章でお伝えした通り、仕組みがすべてのスタートになります。Ｆ社長は、答えました。「はい、しっかりできています。

案件もスムーズに流れています。また、マニュアルも揃っています」

しかし、私には、そうは思えなかったのです。それは、F社に着いてからの30分の間に、すでに2回社員がF社長に指示を仰ぎに来ていたからです。「社長、お客様からこういう問い合わせが来ていますが、どう答えましょうか？」、「社長、この材料の発注をしていいですか？」それに対し、F社長は、速やかに指示を伝えます。

そして、社員が出ていくのを待って、こう言われました。「お恥ずかしいところをお見せしました。当社は、考えられない社員ばかりなのです」

仕組化のゴールは自己完結にある

社員が頻繁に社長に指示を仰ぎに来る、これは仕組みがない会社の典型的な症状です。私は、第1回目のコンサルティングの際に、F社長に書類を確認させてほしいとお願いをしました。

その書類は、経営計画書と月次の資料、そして、方針書とマニュアルです。それと、案件管理をどのようにやっているかも見させていただきました。

それらの書類を観ると、やはり仕組化できているとは程遠い状態にあることがわかります。

私は、F社長に質問をしました。「案件の流れも仕組みで管理ができていると言われましたが、実際には、その都度社長が確認をされていませんか？　その都度、その出来具合を確認し、社員に次の行動を指示していませんか？」

Ｆ社長は少し考え、「その通りです」と答えました。

私は仕組化の目的を次の通り、Ｆ社長にご説明をさせていただきました。

仕組化の目的は、『自己完結』にあります。「各部門、各担当が、誰かの指示や管理を受けることなく、その業務を完結させること」にあります。その時々において、自分たちで品質のよし悪しを判断し後工程に仕事を引き継ぎます。また、必要なときには、関係部署や取引先と調整をしたりもします。ここまでできて、自己完結ができている状態となります。これで、初めて仕組みができていると言えるのです。

Ｆ社長はその説明を受け、言われました。「当社は、全くできていません。品質も納期も私が確認し、社員にその都度指示を出しています。変更の調整も私が取り仕切っています」

実際には、Ｆ社は、仕組みができていない会社だったのです。そのため社員は、自分たちで動くことができない状態にあったのです。彼らは、毎日同じことを、それも指示されたことを、淡々とこなすだけになっていたのです。

「マニュアル人間」を生む、その会社に絶対的に欠けるものとは

世には、「社員が動かない」と嘆く社長が多くいます。しかし、実際には、その多くのケースが間違っています。正確には、「社員は動けない」のです。人が自分の判断で動くために、必要なものが２つあります。

その1つは、『考え方』です。考え方とは、目的や意図を指します。何を達成したいのか。などそれをやるのか。

もう1つは、『やり方』になります。『やり方』とは、具体的なその行動や方法を指します。どのように動くのか。そのときの順番やツールは何を使うのか。

人に何かを依頼するときには、この2つはセットになります。そして、この『考え方』を教えてから、『やり方』を説明するという順番になります。

『考え方』がわかることで、その『やり方』に納得することができます。また、その後も、自分の『やり方』が合っているかどうかを、照らし合わせることもできます。その結果、臨機応変に動けるようになります。また、その『やり方』をよくするアイデアを考えることもできるのです。

世には、この『考え方』の共有ができていない会社が多くあります。その結果として、その会社で働く多くの社員は、指示がないと動けない状態になっているのです。

F社も、こんな世の多くの会社の中の1つです。マニュアルを拝見すると、『考え方』、すなわち、その業務の目的や概要がすっぽり抜け落ちていました。そこには、作業手順だけが書かれているのです。これでは、マニュアルとは程遠いものと言えます。

過去に、「マニュアル人間」という言葉がありました。彼らは、「その状況に関係なく、その手順を守ることを優先し、顧客を怒らせる」という事象を起こしました。その理由は明白です。

それは、『考え方』が欠落しているからです。その意図や意味がわかっていないから、手順を守ることに執着することになったのです。

社長が現場を離れるためにつくるべきは方針書、その具体的な書き方

他にも、Ｆ社には、方針書に当たるものがありませんでした。

方針とは、「ある繰り返し起きる状況に対する、会社としての持続的な決定」と定義できます。方針によって、業務の判断基準だけでなく、その改善の方向性を得ることにもなります。それをまとめたものが、方針書になります。

Ｆ社長はこの方針書について、イメージが沸かない様子でした。そこで私は、１つ実際につくってみることを提案しました。Ｆ社長は、ちょうど社員に訊かれた「資材の在庫」についてまとめることにしました。そのできたものを拝見すると、しっかりとした方針書になっています。

・契約の際には、次のものを文章で提示し、お客様の承認を得ること。追加注文の仕方、請求と支払いのタイミング、在庫資材はどちらの資産となるのか、そして、廃棄基準。
・〇〇資材については、いくら安くてもロット買いをしないこと。２週間で使い切る分を、その都度発注すること。
・倉庫内のすべての資材には、自社資材か支給資材か、誰でも判断できるように明示すること。
・半期に一度、社長と工場長は、倉庫を一緒に回ること。保管状況の監査と廃棄物の決定を行う。

このように、「１つの業務に関しての考え方」をまとめたものが、方針書になります。そして、

今後も、新しく決めた方針や変更がある際に、この書類をつくり変えていきます。

これも社員が、自分たちで判断することを支えるツールになります。私はF社長に、この方針書を、頻繁に訊かれるものや重要度の高いものから、順次つくっていくことを提言しました。

2　仕組みが成長する、そして、人が育つ。その両輪経営を実現する

F社長、社員に工場に呼び出される

その効果を、F社長は、すぐに体験することになりました。社員からの指示伺いが、明らかに減ってきたのです。以前は、日に4、5回はありました。今では、日に1回、あって2回程になったのです。時に、全くない日もあります。

それ以上に、職場の雰囲気がよくなったのを感じるようになりました。社員の表情が明るくなったのです。また、社員同士がコミュニケーションをとっているのを、よく見かけるようになりました。何かあると、自分たちで相談し、業務をこなしているのです。

F社長は、目を細めながら言われました。「先生、先日、社員に工場に呼び出されました。何事かと思いながら行くと、設備の配置換えの提案がありました。工場長と課長、若い社員から図面を使って説明を受けました。こんなことは、昔の当社では考えられないことです

以前のF社の社員のモチベーションは、非常に低い状態にありました。それは、仕方がないことです。仕組みが整備されていないために、自分たちで業務を完結することができないのです。その多くの業務が自分たちでは判断できず、絶えず社長の指示で動くのです。その状況が楽しいはずがありません。

また、考え方がわからないために、社長のその指示の意味もわからず、納得できないことも多くあったのです。

それでは、「余計なことを考えるな」と言われているのと同じ状態なのです。

この取組みを始めて半年程で、会社は大きく変わりました。これは、彼らの能力が高まったからではありません。彼らは、いままでもそこに居たのです。そして、その能力もあったのです。それを十分に活かしきれていなかっただけなのです。

多くの会社で必要なのは、社員を育てることではありません。必要なのは、「解放すること」なのです。そのために必要なのが、仕組みという基盤になります。方針書、マニュアル、業務の流れなど、それらの仕組みなのです。

それらが、正しくつくられ運用されれば、自分たちで考えることも、臨機応変に動くこともできるのです。社員は、本来持っているその力を発揮してくれます。

世の多くの会社は、実は、「社員を育てるという段階に立てていない」のです。その状態で、社員を有能か無能かという評価することもできないのです。

社員という資源を使えていない会社は、毎年大きな損失を垂れ流している

F社長は、その後も事あるごとに社員に対し、自分が何を考えているのかを伝えるようにしました。「会社をどうしたいのか」、「どんな加工品を増やしたいのか」、「生産効率をどのように上げたいのか」、考え方を伝えるほど、どんどん社員が意見や提案をしてくれるようになりました。

その中で、多くの発見がありました。F社長も昔は現場に出ていましたが、ここ数年は、管理はするものの、自分が作業に加わることはありませんでした。社員の指摘や提案によって、初めて気づけることが多くあったのです。

F社は、製造業と言っても、その多くを人の手で行う工程が多いのです。そのため、やっている本人たちしか、気づけない問題点や出せないアイデアが沢山あったのです。

これは、多くの日本の企業に言えることです。そこでは、「人間」がその生産を担っています。店舗でお客様にサービスを提供する、工事現場で施工管理をする、設備やシステムの設計をする。これらはその特性から、非常に管理しにくいのです。それは、課題や業務改善の芽を得にくいことを意味します。

これからの日本の多くの企業では、「サービスの生産現場のスタッフ」を、「いかに業務改善に参画させられるか」が、非常に大きなテーマになります。それができない会社は、働く人の体という資源を使うだけで、頭という最大の資源を無駄にすることになります。また、現場で起きる「あれ、

おかしいな？」や「こうすれば、もっと！」が、拾えなくなるのです。

Ｆ社長は、「これをお金に換算すると、毎年いくらぐらい無駄にしてきたのかと考えるとぞっとしますね」と言われました。

生産管理と技術担当者の成長からわかる、社員に思い切って仕事を任せるときのポイント

これらの取組みをするようになり、若手の中にも数名、やる気も能力もある社員がいることがわかりました。1人は、工場長の下で働いていた30代の社員です。彼の担当は、生産工程内の段取りです。物の流れを見て、必要なところに確認やヘルプに入ります。また、製品の受取や出荷、各工程への材料の運搬を行います。その彼が、効率化のアイデアを出すようになったのです。

もう1人は、生産ラインにいました。入社してまだ1年の20代後半の社員です。仕事ぶりは真面目でしたが、いままでそれほど意見をいうタイプではありませんでした。

いいえ、勝手にこちらがそう思っていただけなのです。その彼が、もっと技術的な勉強をしたいと言ってきたのです。驚いたことに、いままでも、自分で専門書を買って勉強を続けていたというのです。

Ｆ社長は、その社員らを生産管理と技術の担当に任命することを考えました。これは、いままでのような作業を繰り返すだけの業務ではありません。日々のイレギュラーに対応すること、そして、

予測することが必要になります。生産管理の担当者となる社員には、週の生産計画の作成を任せることにしました。その生産計画をいままで社長がつくってきたのです。その業務は、基本的な知識はもちろんのこと、多くの経験が必要になります。

そして、それは会社として、非常に重要な業務となります。その出来によって、日の生産高は大きく変わってきます。それをやらせるための下地はできていると、F社長は判断しました。

私は、任せる際の注意点をお伝えしました。「すぐに手放さないでくださいね」

「はい、わかっております。同じ間違いは犯しません」と、F社長は答えました。

これは、多くの社長が犯してしまう間違いです。任命すると、すぐに手放してしまうのです。その結果、失敗したり、動けなくなったりで、その新たについた管理者や担当者が、潰れていくのです。

そのときの常套句は、「自由にやっていいからね」です。

何かの役職やポストに付けたからと言って、すぐに能力が高まるわけではないのです。ましてや、権限も方針も不明確な中、何でもやれるはずはないのです。そこでは、任命したものの責任として、しっかりフォローする必要があります。その失敗を、数年前に、F社長は経験したばかりだったのです。

人を育てるために、もっとも効果的なやり方とは

1週間の生産計画の案をつくらせ、それを確認する時間をつくりました。そして、本人にどうし

てそう考えたのかを言わせ、その後にF社長がコメントする形で、すり合わせを行ったのです。この過程を通じてF社長は、人を戦力化するうえで、非常に重要なことに気づいたのでした。

「こういう予測の割合が大きい業務については、やらせてみて、修正することが絶対に必要ですね。そして、そのときにも、なぜそう考えるのかを説明することです」

このような予測や応用の業務は、やらせてみないと絶対にできるようにはならないのです。そのうえで、すり合わせをすることで、その習熟のスピードも精度も格段にあがります。

これは、当社のコンサルティングでも、取り入れているやり方です。経営や仕組みづくりは、極めて予測と応用の特性が高いものです。そのため、しっかりフィードバックができる個別かつ対面というやり方にこだわっています。実際の、その社長の考え方の進化と事業の変革のスピードを見ていると、これ以上のやり方はないという確信に至りました。

多くの年商数億円企業と同様に、過去のF社も、「社員にやらせていない」ために、いつまでも社員ができるようにならなかったのです。また、「すり合わせも行っていない」ので、本人はその間違いに気づくこともなかったのです。その結果、多くの社員は、その間違った状態を、何年も続けることになっていたのです。

F社長は、「そのくせ、うちの社員は育つのに時間がかかる、とぼやいていました」と省みました。もう1人の技術担当につけた社員にも、同じことを行いました。新しい部品加工の仕様書の作成を依頼したのです。また、時間が合う限り、持ち込まれた技術的な相談の打ち合わせに同席させるようにしました。そして、帰りの車移動の時間を、「考え方のすり合わせ」に使ったのでした。

やる気のある2人です。それでも、プロフェッショナルと呼べる水準にまで育つには、それ相応の時間が必要になります。

私が、F社長に「技術者として育つまでに、どれぐらいの期間がかかりますか?」と質問すると、「基本は3年。本当の技術者になるのに10年はかかるはずです。しかし、このやり方であれば、基本は半年、本物になるのに3年で十分いけるはずです」と答えられました。

社員を未来志向に変える最強ツール「経営計画書」を導入する

このタイミングで私は、F社長に「経営計画書を作成すること」を提案しました。

経営計画書を正しく表現すると、「儲かる事業の設計書」になります。そこには、どう事業を伸ばすのか、自社の売りを何にしていくのか、どのように生産能力を高めるかなど、自社の「未来の儲け方」が書かれています。これこそがF社として、そしてF社長として、最も重要な『考え方』となります。

その最も重要な『考え方』を、社員と共有することを提案したのです。それにより、社員の思考を未来にまで向けることができます。優秀な社員ほど、未来のことを、知りたがる傾向が強いのです。好奇心や予知予見の力も強い分、会社がこの先どうなっていくのかを、強く知りたいと思うものなのです。それこそが優秀な人が、優秀である所以とも言えます。

F社長は、早速その作成に取り掛かりました。経営計画書の作成は、初めての経験なだけに、やはり苦労することになりました。考えて、書いて、そして直して、その繰り返しです。

そして、経営計画書にも、正しいつくり方というものがあります。そこでも、矢田に何度も指摘をされました。しかし、その時間と手間をかけた分、F社長自身の考えも整理され、固まっていくことになったのです。

F社長は、その完成した経営計画書を使って、全社員への説明会を開催しました。沢山の質問がでるのを期待していただけに、その静かな反応に、F社長は少し寂しい思いを抱いていました。

その1週間後、F社長が食堂で昼食をとっていると、技術担当の社員が向かいに座ってきました。そんなことは今までなかっただけに、少し驚きました。そして、彼は、「F社長、○○の新規加工の研究、自分も一緒にやらせていただきたいのですが」と言ってきたのです。

その夕方には、生産管理担当の社員が「企画書を見てほしい」とやってきました。そこには、材料の在庫管理の案が書いてありました。その新規加工の研究も、在庫管理の課題も、F社の経営計画書に記載されていた項目です。彼らには十分に、F社長の想いは伝わっていたのです。

新入社員には「まずは現場を覚えさせる」、数年経ったら「完全な作業員」に……

その1回目の経営計画書発表会から、また2年が経ちました。このときのF社の年商は5億2000万円、社員数は35名になっていました。

Ｆ社長は、大学卒業者の採用に踏み切っていました。生産管理や技術研究など「技術の面」を、更に強化したいと考えていたのです。

いままでのＦ社は、中途採用が中心でした。それも現場の作業系の人員ばかりです。そのため、Ｆ社長には、その「特性が違う人たち」の、受け入れや育成の仕方がわからなかったのです。

そこで、矢田に相談をしました。私は、訓練プログラムをつくることを提言しました。そして、次のことをお願いしたのです。

「朝と夕方には、必ず事務所に来て、何か事務作業をやらせるようにしてください」

その説明を聞いてＦ社長は、すべてに納得がいったようでした。「先生、過去にそれで辞めていった社員が何人もいます。それが理由だったのですね」

Ｆ社では、採用した人には、「必ず現場作業を覚えてもらうこと」にしていました。それは、管理でも営業でも、業務の流れや技術的なことを知っておくことが必要であると考えたからです。そうでなければ、部下を指導することも、お客様と話すこともできなくなります。そのため、中途も高卒も、入社すると全員を現場に配属していました。

その結果、その中の１人の中途採用者には、「こんなことをするために、この会社に入ったのではない」と言われ、入社１か月で辞められたことがありました。

また、高卒で採用した社員たちは、20代後半になる頃には、「立派な作業員」になっていたのです。その中の数名を管理者候補として、外部の研修に行かせることにしました。

Ｆ社長は、その様子を確認しに行って、愕然とすることになりました。他社の同世代の社員と比べ、その意識もその発言内容も、全くレベルが低かったのです。それは、本人たちも感じていたようです。

その理由は明白です。朝出社するとそのまま現場に入り、そして、終業時間になると「お疲れ様でした」と帰っていきます。朝きれいだった作業着は、帰る頃には真っ黒になっています。そんな毎日を10年も繰り返してきたのです。その意識は完全に、Ｆ社の工場で働く「先輩の作業スタッフ」と同様のものになっていたのです。入社してからのこの約10年間で、Ｆ社長は、新卒採用者まで「立派な作業員」に育て上げてしまっていたのです。

Ｆ社長は、目に力を戻し言いました。「朝と夕方には必ず事務所の机に座り、日報の作成やデータの集計など、事務作業をやらせるようにします」

そして、付け加えられました。「その際には、なぜ現場に入ってもらうかを説明するようにします」。

Ｆ社長は、その方針と考え方を織り込み、訓練プログラムを作成したのでした。

変革に取り組み3年が経った今、Ｆ社の事業定義は大きく変わっています。以前のそれは、「金属部品の特殊加工業」でした。今は、「金属部品の特殊加工技術提供業」に変わっています。

その業界では、「その分野の加工に関する課題を一手に解決する会社」との評判を益々高めることになっています。また、自社加工にこだわらず、受けた仕事の一部を、同業他社に外注するようにもしました。

Ｆ社長は、「うちが塗料や加工技術を売るメーカーになるのだ」という目標を持っています。そして、目を細めて言われました。「私は、どこまでいっても技術バカですから。今は彼らと、真剣に技術について話ができるので幸せです」

まとめ

・人材育成の主役は、受入側である。この原則を知り、受入側をコントロールすること。
・受入部署とその担当者には、しっかり「訓練プログラムという依頼書」を使って、依頼をすること。それをしないと、ほったらかしや説明を省く状態になる。
・一方、育成担当者は、人に教える経験をすることで、管理者の入り口を踏むことになる。
・「決まったことをできるようになる」の次は、「プロフェッショナルとして稼げるようになる」。次に会社が獲得すべきは、「プロフェッショナル量産の仕組み」である。
・プロフェッショナルの能力とは、『応用』と『予測』である。社員がそれをできるようになるためには、「考え方の共有」と「自己完結できる仕組み」、そして、「すり合わせ」が必要。
・多くの会社に必要なのは、教育ではない。必要なのは、その力を解放することである。
・経営計画書は、「儲かる事業の設計書」であり、そこには会社をどう成長させていくかが書かれている。その共有により、社員の思考を未来に向かわせるのである。

第4章

人が勝手に育つ会社は、何をやっているのか、その全貌公開

年商数億円企業が共通して持つ人材育成に関する2大課題

私は、20年以上コンサルタントとして、中小企業、特に年商数億円規模の企業の経営に携わってきました。そこで多くの相談を受け、それに対し、何かしらの答えを出していきます。答えというだけあって、その原因とその具体的な対策方法までを見出してきました。

そして、その相談の中でとりわけ多いのが『人材育成』に関する分野です。

大企業であろうと、中小企業であろうと、そしてどの業種でも、人材育成に関する課題は抱えているものです。

しかし、この年商数億円という規模だからこそとも言える課題がそこにはあるのです。

その年商数億円企業の人材育成における課題は、次の2つに集約できます。

(1) 採用した社員を短期間で戦力化できない

(2) 次の管理者がいない・育たない

この2つの課題さえ解決できれば、年商数億円の企業規模における人材育成の課題の殆どは、解決されると言っても過言ではありません。

その2つの内の「(1) 採用した社員を短期間で戦力化できない」という課題については、第2章、第3章で詳しくご説明して来た通りです。

次に、再度その原因を確認しておきましょう。

採用した社員を短期間で戦力化できない4つ理由

理由①事業にクリエイティブがある

営業や製作の現場に、高い企画力や提案力、応用力、という人間力が必要になる。そのため、並みの社員では、それをこなせない状態になっている。

理由②そもそも決まったことがない

業務のやり方、流し方など、すべてが決まっていない状態（文章になっていない）である。そのため、先輩は教えることができず、本人は自分で調べることもできない。

理由③訓練プログラムがない

何を教えるのか、そして、その順番と期間が決まっていない。そのため、受入部署や育成担当者は、何をどうすればいいのかわからず、という丸投げ状態になる。

理由④考え方を伝えていない、やらせていない、すり合わせをしていない

予測や応用が必要な業務で、これらがないために習得は遅く、その精度も低くなる。そして、その後も「改善できない（しないではない）」状態になる。

そして、これらの対策として説明してきたのが、次のものになります。すなわち「事業のクリエイティブをなくす」、「すべてを決める（書面化する）」、「訓練プログラムをつくる、それを持って依頼する」、「方針書と目的の入ったマニュアルの作成」、「やらせて、すり合わせをする時間をつく

る」。重要度、および、取組みの順番もこの通りになります。

それにより採用した社員を短期間で戦力化できるようになります。また、「初期の退職率を下げること」も「早期に合わない人を発見すること」も可能になります。その結果、2大課題の1つが解決することになります。

そして、年商数億円企業が持つ人材育成のもう1つの大きな課題が、「(2) 次の管理者がいない・育たない」となります。「管理者に任命できる社員がいない」、「管理者に任命しても機能しない」という現象が起きているのです。

この第4章と次の第5章では、「管理者がいない・育たない」という課題の原因と、その具体的な対策としての『教育』について、しっかりご説明していきます。

「訓練」と「教育」は全く別物、そして、必要となるものも全く違う

多くの会社、そして、多くの経営者が、『訓練』と『教育』を混同して使っています。「当社は、教育に力を入れています」、「もっと社員教育を強化する必要があります」、このときの教育とは、どちらのことを指しているのでしょうか。

「決まったことをその通りにできるようにすること」を『訓練』と言います。これは、「採用した社員を短期間で戦力化する取組み」と言い換えることができます。

それに対し、「未来に貢献できる人づくり」を『教育』と言います。こちらは、「次の管理者を育

てるための取組み」と言い換えることができます。

それぞれに求められる成果は、異なります。前者の訓練の対象者には、「今ある仕組みの実行」であり、「決められた通りの成果を出すこと」になります。

後者の教育の対象者には、「今ある仕組みの変更」であり、「出すべき成果は、その時々で変わる」となります。

上記のように訓練と教育が全く異なるものだけあって、会社が整備すべきものも全く異なることになります。

まず、訓練に取り組むためには、『仕組み』が必要になります。第2章でご説明した通り、その業務が「仕組みで回っている」から、訓練ができるのです。仕組みになっているからこそ、訓練プログラムにできるし、先輩が後輩に教えることもできるのです。実際のところ、年商数億円企業においては、まずは訓練ができていないことが多くあります。

そして、教育に取り組むためには、『成長サイクル』が必要になります。「会社として、成長サイクルが回せている」から、教育ができるのです。成長サイクルが回されているからこそ、若手社員や管理者候補を、そのサイクルに巻き込むことができるのです。

その成長サイクルを支える中心の仕組みが、『経営計画書』となります。これは、次の第5章でしっかりご説明します。

この仕組みと成長サイクルを備えていることで、各部署に粛々と訓練と教育の取組みを運営させることができます。そして、そこに、継続性がもたらされるのです。その状態にあるからこそ新入社員から管理者候補まで、社員全員にその機会を与えられることができるのです

間違ってもこれを、社長自ら管理運用しようなど、考えないでください。それでは、やったり、やらなかったりになります。各施策に一貫性がなくなり、社員からは「また社長が何かをやり始めた……」と思いつきのように受け取られてしまいます。そして何よりも、それでは訓練と教育の仕組みに、改善が積み上がっていかないのです。

「人が育つ会社、人が活きる会社」になるために、社長が腹を据えて取り組むこと

残念ながら、多くの年商数億円企業は、『訓練』も『教育』もできていないのが実状なのです。その実状があるからこそ「採用した社員を短期間で戦力化できない」、「次の管理者がいない・育たない」という、2つの大きな課題を抱えることになっているのです。

もうお気づきの通り、この課題を解決するためには、それ相応の苦労が伴うことになります。これは、研修会を企画したり、人事制度を整備したり、という施策レベルの話でどうこうできるものではないのです。根本的な、そして腹を据えた取組みが必要になります。

しかし、この状態を悲観する必要は全くありません。逆を言えば、これらを1つひとつ構築していけば、確実に「人が育つ会社」そして「人が活きる会社」に変えることができるのです。

本書で説明している施策は、すべてがロジックであり、誰もが仕組みとしてつくれるものなので

す。そこに経営者のカリスマ性や手間、そして、膨大な投資も必要はありません。そして、ここには、その通りにやれば、その通りの結果が出るという再現性があります。

だからこそ私は、このつくり方を、多くの「社長」と共有することができているのです。だからこそ、御社においても、各部で運用してもらうことも、後継者やグループ会社に引き継ぐことも可能になるのです。

そして、「人」という積年の課題が解決されるのです。それ以上に、事業が成長する仕組みを手に入れることができるのです。その成長はより早く、そして、より安定したものになります。

強調しておきたいのは、これらは１からつくることはないということです。これらのことは、今までの皆さんがやってきた取組みの中にあるのです。そして、これらの仕組みは、この先も経営をしていくうえで、避けては通れないものなのです。

いまの取組みの中で、事業を成長させる仕組みも、人が育つ仕組みも獲得することができます。腹を据えて、正しい考え方のもと、１つひとつ形にしていくことなのです。

不動産業H社、新卒採用で会社を変えるはずが、大学サークルのような雰囲気に……

地方中核都市に不動産業H社はあります。自動ドアが開くと同時に、大きな声が飛んできます。「いらっしゃいませ！」そして、若い社員が軽快なステップで駆け寄ってきました。

事前のオンラインでの相談会で、H社長からお聞きしていた通り、どこか「浮ついた雰囲気」があります。この「浮ついた雰囲気」は、新卒採用に偏った会社に多く見られる現象です。

新卒者ばかりを採用し、中途採用者を入れてこなかった会社は、よくも悪くも「軽い」空気になるのです。

このとき、この店舗兼事務所の中には、男女7名ほどの社員が居ました。皆若く、そして楽しそうに話をしています。その様子は、まるで大学のサークルのようです。

中小企業の経営の世界には、いくつもの「信仰」があります。それは信仰というだけあって、「絶対に正しいものとして信じられているもの」となります。その中の1つが、『新卒採用』です。「新卒採用が会社を変える」というものです。その結果多くの中小企業、それも小規模零細企業までもが新卒採用に走っています。

これは、完全に間違いです。新卒者が会社を変えることなどありません。彼らにあるのは、若さとやる気だけで、実戦で使える能力も経験もありません。

社員の中に、会社を変える可能性がある者が居るとしたら、それは中途採用者になります。武将級の中途採用者を採用できたときに、会社を大きく飛躍させることができます。

しかし、皆さんも重々御承知の通り、実際に会社を変えることができるのは社長だけなのです。その変革の推進力として、武将級の人材や新卒者の力を借りていくのです。

武将級人材の獲得も新卒社員の採用も、その会社として取り掛かるタイミングが非常に重要になります。それらの施策は、正しき経営判断の下で活かされるものなのです。採用については第6章、武将級人材の活用については、最終の第8章で詳しくご説明をします。

そして、その考え方に、「仕組みのなさの言い訳」が拍車をかけます。新卒者にはまだ、会社を観る力はありません。その会社のレベルを正しく測れないのです。だから、採用ができるのです。事業に特色もない、仕組みもない中小企業でも、その見せ方と社長のプレゼン力で「騙すこと」ができるのです。そして経験がない分、その会社がダメなことに気づくのに、数年はかかることになります。

多くの会社が新卒採用に走るのは、「仕組みがないから、新卒しか採れない、使えない」というのが実状なのです。

そして実は、仕組みのない会社は、中途採用者も十分に使えていないのです。

よく中途採用者は、「前職の癖があるから使い難い」といって敬遠する会社があります。これも、その本当の理由は違うところにあります。仕組み、すなわち、「決まったことがないから使えない」のです。

仕組みがないために、「この作業はこうしてほしい」という基準を示すことができなければ、彼らの「業務の進捗を管理すること」もできないのです。

結果として、中途採用者は、自分のやり方でやるしかなくなるのです。それは、自分の昔からの態度であったり、前職のやり方だったりします。それがその人の成功体験であり、その人が持つ「最高のやり方」なのです。

そして会社から、「勝手なことをする」や「使いにくい」という評価を受けることになります。それが続くと本人はやる気を失い、会社への不信感を抱くようになります。また、「意見を言わない社員」や「退職予備軍」を社内に抱えることになっていくのです。

年商1億5000万円、社員数12名の完全なる野武士集団

その結果、仕組みのない会社は基本、「即戦力募集」に走ることになります。仕組みがない、だから、「自分の力でなんとかしてくれる人」を募集することになるのです。

その採用された社員は、殆ど訓練なしに、実戦に投入されることになります。そこで自分で動き、成果を出した者は生き残っていきます。成果を出せない人は、淘汰されることになります。

その選別の結果、でき上がるのが「野武士集団」のような会社です。1人ひとりが、独立事業主であり、毎月のノルマを持って動いています。その報酬体系も成果に連動する割合が高いのです。そして、「集団」であって、同じ目的を持っていない人の集まりなのです。

このときのH社は、年商（総粗利高）1億5000万円、社員数12名の完全なる野武士集団の会社だったのです。その構成は、古株の営業担当が5名と新卒2、3年生が6名です。後の1名が新卒3年目の事務担当者です。この5名の古株は完全なる野武士です。そして、新卒の営業担当者も見事に野武士に育ちつつありました。

この状態が決して悪いわけではありません。よいか悪いかは、目指す事業の形であり、目指す組

織の形によって決まってきます。実際に、このような「野武士を如何に上手に使うか」というマネジメントの仕方で、成功している会社もあります。そのよし悪しの評価は、あくまでも、社長が目指すもの次第になります。

Ｈ社長は、言いました。「先生、このままでは会社を大きくすることができません」

よくも悪くも、独立事業主の集まりです。その字のごとく、育つと独立をしていく者が後を絶ちません。数年も在籍すれば、営業の仕方や業界のルールもわかってきます。そして自分一人であれば、この業界では、年に数件の受注があれば、十分に食べていけるのです（当然実際には、そう簡単ではありません）。

彼らには、元々のハングリー精神があります。その結果、育った者から居なくなります。そして周辺で開業し、ライバルになっていきます。それも優秀な社員ほど、その傾向が強いのです。

採用し、育つ、会社の利益に貢献しだす、すると辞める。この繰り返しにＨ社長は、疲れきっていました。創業からの10年間、これを続けてきたのです。

そしてその間、ずっと「人」に向かってきました。そのため、何も積み上がっていなかったのです。仕組みと呼べるものは、殆どない状態でした。

仕組化が進むと起きる現象とは

コンサルティング開始から半年、Ｈ社の事業の形が見えてきました。また、仕組みの整備も進んでいます。その過程でH社長には、気づいたことがありました。それを、矢田にぶつけます。

「先生、この仕組みがあれば、並みの社員で十分成果が出せるのではないでしょうか。今までのようなガツガツした社員も、優秀な社員もいらなくなるのではないでしょうか」

集客は、会社のマーケティングの仕組みで、十分な数を集められています。その見込客に、整備された提案書を使って説明すれば、当社と取引する理由に納得していただけます。その後も、内勤スタッフが定期的にフォローの連絡をします。そして、この流れは、完全に仕組みで管理されています。

その結果、毎月目標としている売上を確保できるようになっていたのです。この状態までできあがっているのであれば、並みの社員でも十分に成果をだせるはずです。

それではと、H社長と私は、「今のH社の営業担当者」に求められる『素養』を確認することにしました。そこで出たのは、「真面目であること」と「落ち着いた雰囲気」というものでした。土地や住宅という高額商品を扱うこと、そして、お客様がある年齢以上であることを考えると、この素養は必須になります。

この素養さえあれば、十分に当社の仕組みの上で成果を出せるようになります。そして、H社長は、ぽつりと言いました。

「これらは、過去にうちを辞めていった社員たちの特徴そのものです」

昔のH社では、「真面目」で「落ち着いた人」はいられなかったのです。仕組化によって、必要となる社員の素養は、１８０度変わってしまったのです。

事件：営業成績の上位者と下位者の逆転現象が起きる

それからもH社長は、仕組みづくりを進めました。それにより、更に成果が出るようになってきました。また、業績も安定してきたのです。

いままでは、繁忙期と閑散期の差が大きくありました。月末や期末になると「社内の営業キャンペーン」を行い、追い込みをかける必要がありました。それを必要としないぐらい、均一化されてきたのです。

そして、驚くべきことが起きました。成績の上位者と下位者の逆転現象が起きたのです。いままで成績の思わしくなかった社員が、上位に来るようになったのです。その彼は、正に「真面目」でしっかり決められたことをやるタイプです。

それに対し、いままで成績上位者である野武士タイプが落ちてきたのです。彼らの営業スタイルは、「人間関係をつくること」そして「少し強引でも押すこと」でした。それが、いまのやり方になり、合わなくなってきたのです。

また彼らは、決められたことが中々できるようになりません。「1つの作業を終えると記入する」と決めた手順があります。

それを忘れることが多いのです。また、それを注意されると面倒くさそうな様子を見せることがあります。

ある意味この状態は、当初の予測通りといえます。

H社長は、「これらの仕組みは、野武士型の社員にとっては、窮屈になるだろう」と漏らしていました。そして、会社のこの先の変化も的確に読んでいました。「今までのような野武士のような営業担当者は、居られなくなるのでしょう」

私は、提言をさせていただきました。

「今は、仕組みで回る会社に変わるための移行期です。完璧にしようと考えずに、ある程度のゆとりをもって運用を続けてみてください」

人は簡単には変われないものなのです。そして、いまのH社の人数で、彼らに抜けられることは避けなければなりません。

給与制度は誘導装置、働く者の心を意のままに動かす

それから数か月後、H社長から相談を受けます。

「先生、いまの給与制度がいよいよそぐわなくなってきました」

現在の給与制度は、個人の営業成績が大きく反映される形になっています。

これは、いままでのH社では、上手く機能してきました。契約を多くとった者が多くもらう、契約の取れない者は少ない、そして、去ってよし、というものでした。

給与制度というものは、どのようなものにせよ、働く者に、強烈なメッセージを発信することになります。

個人の成績を大きく反映させる給与体系では、次のようなメッセージになります。

「個人の力で頑張ってください。会社の取組みについては、あまり参加しなくてもよい。他の社員にノウハウを教える必要もない。後輩の面倒を見る必要もありません。何よりも自分の成績を優先してください」

そして、その通りに社員の行動を誘導することになるのです。

この説明をしたときに、H社長は「そんなつもりは、全くありません」と否定をしました。会社の行動規範では、「仲間」や「チーム」という言葉を何度も使っています。「お互いに助け合い、協力し合って、お客様に喜んでもらおう。そして、自分たちも幸せになろう」という理念も持っていました。

しかし、給与制度は、全く別のメッセージを発していたのです。全く、逆方向への誘導を行っていたのです。

そして、それを助長するかのように、事務所のホワイトボードには、大きなグラフが貼ってあります。そこには、個人の成績がぱっと見でわかるようになっています。月々と累積の売上が載っています。それにより、更に「野武士」の特性を強化していたのです。

何度も言いますが、これが悪いわけでは、決してないのです。これが社長の目指すものに、合っているかどうかだけの問題となります。

コンサルタントや社労士に、給与制度構築を依頼するときの注意点とは

H社長は、言われました。「私は、このやり方しか知らなかったのです」

H社長自身、大学を卒業し、すぐにこの業界に入りました。その会社では、個人の成績のグラフがあり、それが大きく給与に反映される仕組みになっていました。

H社長は、当時を思い出し言われました。「確かに、当時の自分には、お客様のため、会社のため、という意識は全くありませんでした。ライバルをつくることになるので、自分のノウハウを周囲に教えることもしませんでした。他の皆もそうだったので、職場に一体感や和気藹々というものは全くなく……」

そして、少し考え、笑みを浮かべ言葉を続けます。「自分もその会社を辞めて、こうして独立しているのですが」

真顔に戻って言われました。

「当時の私は、自分さえよければ、と思っていました。うちの社員には、そんな思いで仕事をやってほしくはありません」

H社長は、給与制度の見直しに手を付けることを決めたのでした。そして、自社の給与制度が発するメッセージを次のものに決めたのです。

「皆で協力してやっていきましょう。よりお客様に喜んでもらえるように、皆で考え、仕組みを改善していきましょう。皆が長く働ける会社にして、地域で長く愛される会社にしましょう」

私は、お願いをさせていただきました。

「給与制度をコンサルタントや社労士さんに、手伝ってもらうのは問題ありません。しかし、まずは、自分で本を3冊は読んでみてください」

世の経営者は、給与についてあまりにも無知で、不勉強過ぎる傾向があります。ひどいと、全く基本的な法律も知らない社長もいます。

経営者は、多くの人を使って大きなことを成すプロフェッショナルです。その「人を使い成果を出すプロフェッショナル」である社長が、給与の基本的な考え方や雇用に関する法律を知らないでは、済まされないのです。

評価や給与制度は、上手に使うことを覚えれば、組織づくりの大きな力になります。専門家の方々も、そのノウハウを存分に提供してくれます。自身の理想とする組織、自社の理想とする社員の動きに、大きく近づけてくれます。その整備の必要性が、このタイミングでやってくるのです。

まとめ

・年商数億円企業の人材育成の課題は、大きくは「採用した社員を短期間で戦力化できない」、「次の管理者がいない・育たない」の2つに集約できる。

・世の多くの会社が『訓練』と『教育』を混同している。『訓練』とは「決まったことがその通りにできるようにすること」、『教育』とは「未来づくりに参画させること」。
・訓練をするためには決まったこと、すなわち『仕組み』が必要。教育をするためには、会社として『成長サイクル』を回せている必要がある。そのため多くの会社では、訓練も教育も、どちらもできてないのが実状である。
・その訓練を支えるのが訓練プログラム。その教育を支えるのが経営計画書である。
・仕組みがない会社は、「新卒」も「中途」もどちらも使えない。逆に、ある会社は両方使える。
・仕組化が進むことによって、必要になる社員の素養は大きく変わる。昔は、「自分で考え何とかこなしてくれる人」を重宝した。それが、「仕組みに載って正しく回せる人」に替わる。
・給与制度やその法律については、社長は、人を使うプロとしての自覚を持ち、勉強すること。

第5章

成長のエンジンをグルグル回せ！
管理者を機能させる要所

1　社員を未来思考に変え、組織をつくるための社長の最強ツール

成長サイクルの中心にあるのが経営計画書

前章でご説明した通り、社員を未来づくりに参画させるためには、「未来に向けての成長サイクルが回せていること」が必要になります。

会社として、その『成長サイクル』が回すことができているからこそ、社員をそこに巻き込むことができるのです。社員はそのサイクルに巻き込まれることで、この先について考え、行動せざるを得ない状況になります。その結果、『未来をつくる能力』を高めることになります。

その『成長サイクル』の中心にあるのが、経営計画書です。経営計画書には、△社の未来の姿が書かれています。「どのような事業を中心としていくのか」、「どのようにして新規の顧客を開拓するのか」、「どのような仕組みをつくるのか」、そこには、具体的に未来に向けてどう変化していくのかが、書かれているのです。

そして、それを実現するための計画を立て、行動に移していきます。また、その時々に、進捗の確認と調整を行い、実現に近づけていきます。そのようにして経営計画書に書かれたことが、社員の手によって現実化していくのです。

経営計画書によって、会社の「成長サイクル」が管理され、確実に回されることになります。それに合わせ、社員も成長していくことになります。

会社において、他にこの経営計画書に替わるものはありません。経営計画書がなければ、管理者や社員は、何を頑張ればよいのかがわからなくなります。また、その成長の管理ができることはなく、一貫性も失われることになります。

活用される経営計画書、絶対に押さえておくべき2つのポイント

この経営計画書の効力が、正しく発揮されるためには、経営計画書が２つの条件を満たしている必要があります。

この２つの条件を満たしたときに、その経営計画書は、未来に向けて社員を巻き込み、そして、動かすことになります。ぜひ自社の経営計画書を、チェックしてみてください。

チェックその１：未来について書かれているか

経営計画書に書かれたほぼすべてが、未来についての事柄になります。

その主な内容は、第2章でご説明した「何を増やすか」という『量』の変化と、「何を変えるのか」という『質』の変化になります。事業モデル、営業方法、供給能力や品質、管理、組織など、その対象は事業を行うために、必要なすべての要素となります。

それら書かれた未来の事柄が、社員の視点や思考を未来に向けさせることになります。彼らに未来に触れさせるからこそ、「未来志向」になるのです。

チェックその2：具体性はあるか

そして、具体的な目標や方針が、社員に自分自身の行動のイメージを描かせます。「自分は明日からこれをやろう」や、「これをもっと調べる必要があるな」となるのです。そして、その行動のイメージが、「やってみよう」というモチベーションにつながるのです。

この2つがない経営計画書は、残念ながら、その真価を発揮することはありません。

会社がどうなっていくのかという「未来」について書いていなければ、社員の視点や思考を「未来」に向けさせることはできません。今まで通りの「現在」、すなわち、作業に向かうことになります。ましてや社員の態度や職場のルールばかり言及したものでは、更に、その傾向を強めることになります。

また、理念やビジョンという大きなものばかりでは、それが自分の行動のイメージにつながることはないのです。「年商10億円を達成する」、「お客様から圧倒的に支持される会社になる」というようなものでは、具体性がないのです。

そのため、それを聞いても、彼らの思考は止まったままであり、ポカーンと口を開けているだけの状態になります。

また、数字ばかりでもいけません。売上数字や経費だけでは、どう行動してよいのかがわからないのです。そこには、方針や方策という具体的な何かが必要になります。

多くの中小企業が、経営計画書らしいものはあるが、実際にはない状態

経営計画書には、「未来」と「具体性」が必要です。これは当然のことのように聞こえます。しかし、実際には、この条件を満たした経営計画書を持っている中小企業は多くありません。経営計画書らしき物はあっても、実際には、「経営計画書を全く持っていないのと同じ状態」にあるのです。

当然それでは、経営計画書が活用されることもなければ、本来の力を発揮することもありません。社員を未来志向にし、能力を引き出すことはできません。社員を成長サイクルに巻き込み、成長させることもできないのです。

その結果、経営計画書に対する世の評判は、非常に低いものになっています。「経営計画書をつくったが活用できていない」、「経営計画書はあるが、全く会社は変わらない」という多くの経営者の声を聞くことになっているのです。これは、本当に残念なことです。

正しくつくられた経営計画書は、本当に社員を動かす力を宿します。経営計画書という仕組みによって、社員を動かし、組織ができてきます。私は、そんな実例を数多く見てきました。世の中に、正しい経営計画書のつくり方と、その運営方法が拡がることを、切に願っています。

経営計画書についての、詳しいつくり方や運営の仕方は、著書「年商10億円ビジネスを実現する、

最速成長サイクルのつくり方」（青い表紙）を参考にしていただければと思います。

管理者が本来貢献すべきは、「目標の達成」と「仕組みの改善」

経営計画書に書かれる未来のこととは、「何を達成するか」と「何を変えるのか」の２つになります。これを言い換えると、『目標の達成』と『仕組みの改善』となります。

これこそが、社員を巻き込み、参画させたい領域なのです。そして、これこそが、いわゆる『管理者の役目』となります。

①目標の達成

各部署には、その期やある期間で達成すべき目標を与えます。その目標達成のための計画を立て、それを実行していきます。やはり、その多くは、予定通りには進まないものです。

問題が起きたときには、その原因の分析を行い、社長や関係部門と検討を行います。そして、新しい方針を定め、計画を修正し、再度、行動レベルの指示を現場や部下に出します。それを繰り返すことで、目標の達成にこぎつけます。

②仕組みの改善

いまある仕組みを回し、先の「目標の達成」に向かいます。しかし、どんな仕組みも、定期的につくり変えが必要になります。環境や条件が変わったり、業務の効率化のアイデアが浮かんだりします。また、新たな仕組みの導入が必要になることもあります。

その仕組みの改善を、その業務の受持ちの部署や担当の社員に担ってもらいます。仕組みの改善をするために、最初に行うことは企画書の作成です。そこには、その実現に向けた方針や行動計画が盛り込まれることになります。打ち合わせを十分に行い、承認を得た後にその実行に移ります。その社員は、社長や関係部署、時に外部の専門家と協同して進めることになります。その結果、１つの仕組みが、よりよいものになるのです。

この『目標の達成』と『仕組みの改善』を社員が担うことで、初めて会社はスピードを持った成長と発展が可能になります。

そしてこの過程で、社員は「必死に考える」、「書面にまとめる」、「他者と議論する」、「部下やメンバーの面倒を見る」という行動が求められることになるのです。

ここに関わらせない限り、社員は育つことがないのです。また、会社としても、彼らに、これ以上の成長の機会を提供することなどできないのです。

Ｈ社、半分の社員が会社を去った結果、会社の成長は更に早くなった

不動産業Ｈ社が、この変革に取り組み１年半が経ちました。

仕組みが整備されるにつれ、「属人的な業務の進め方の排除」が順調に進んでいきます。そして、

この取組みにより、人の入れ替わりも起きていました。

残念なことですが、「野武士のような営業担当者」の半分は、会社を去っていきました。仕組みが、「肌」に合わなかったのです。

この「退職」は必ずしも悪いものではありません。変革に取り組んだ多くの会社が通る道です。変革が進んでいることの現れであり、それにより、その仕組化の定着と組織の変化のスピードが上がるという面もあるのです。

退職する社員がいても、半分の社員は残ってくれています。彼らも、最初は、仕組化に伴い増える事務作業に対し、「面倒くさい」と不満をもらしていました。

しかし、今となっては、そんなことを言っていたのも忘れています。その恩恵を十二分に受けているのです。

仕組化によって、業務は格段に効率的になっていきます。また、一部の書類作成の業務を事務スタッフに集約することで、より営業業務に時間を割けるようになっていました。

昔ほどの精神的なプレッシャーも、営業担当者にはありません。個々がガツガツしなくても、月々の目標を達成できるようになっているのです。その一方で、H社長は、「独立され、競合が増える」という心配から解放されることにもなりました。分業により、その全体の仕組みを、1人の社員が知ることができないようになったのです。

H社長は、順調に伸びる売上と共に、営業担当の増員をしてきました。そして、営業担当者が10

名を超えたところで、営業部を３つの課に分けることにしました。そして、それぞれの課の管理者に、その残った社員を任命したのです。

いままでは、Ｈ社長が営業部全員を、直接管理してきました。これからは、１人の管理者に対して、２名または３名の営業担当者という構成にしたのです。この人数であれば、管理者としての経験のない彼らでも、十分管理ができるはずです。

売上が減ったときに、まず確認すべき２つの数字

それから数か月後に、矢田はＨ社長から相談を受けることになります。

「先生、売上が想定ほど伸びてきません。それどころか、３つの課のうち２つの課で、売上が減っているのです」

手渡された売上のグラフを見ると、明確に、３つの課に分けた時期から、その傾きが変わったのがわかります。

「先生、私のこの取組みは間違いだったのでしょうか。野武士集団のままのほうがよかったのでしょうか」。この状況に、自信まで失いかけているＨ社長です。

私は、お訊きしました。「Ｈ社長、原因は何だと思われますか？」。Ｈ社長からは、明確な回答はありません。

売上が減ったときに確認すべき値は、２つしかありません。１つは、「集客数」です。そして、

もう1つは、「成約率」です。取り扱うものの単価が大きく変わっていないのであれば、このどちらかの値が、下がっていることになります。

そこで、集客数を確認すると、減ってはいませんでした。そうなると原因は、成約率と断定できます。月々の集客数と契約件数から算出すると、やはり成約率が落ちていました。

私は、営業の管理を管理者に任せたことで、次のことが起きているのではないかと予測しました。「社長が管理を外れたことで、見込客のフォローなどが、弱くなっているのではありませんか?」

H社長からは、「すぐに調査します」と答えがありました。

翌日、メールが送られてきます。「先生のおっしゃる通りでした。管理者全員にヒアリングしたところ、部下に任せた案件が、ほったらかし状態であることがわかりました」

そして、その文面の最後に「しっかり管理するように管理者には、再度発破をかけました」とあります。私は、このH社長のコメントを見て、すぐに「次のコンサルティングの日程の前倒し」の提案のメールを、返信したのでした。

「もっと頑張れ」という精神論的なマネジメント体質が残る会社の社長の特徴とは

私は、H社長から仕組みの視点でのヒアリングを行いました。すると、やはりという結果がわかりました。「管理者が管理できるような仕組みになっていなかった」のです。

管理者が機能しない一番の理由は、これになります。案件の進捗が見えるようになっていないのです。また、それを確認するタイミングややり方も決まっていません。そのため、管理者が管理できる状態になっていなかったのです。

いままでは、それを社長がやってきました。そのときには、それぞれの部下の力量や案件の難易度に応じ、営業担当者を適宜フォローしていました。その状況を確認し、次の行動のアドバイスをします。その結果、確実に、それも最適なタイミングと方法で、お客様へのアプローチがされることになっていたのです。

そんなH社長と同じことが、経験の浅い管理者にできるはずはありません。それ以上に、それを管理者に期待するのが間違いなのです。

管理者が動けるかどうかも、仕組み次第になります。仕組みがないと社員が動けないのと同様に、管理者も仕組みがないと管理することはできないのです。

その結果、各課の管理者は、部下に対して「何も」できていなかったのです。そのほったらかしの結果としての、売上の減少だったのです。

そこに、H社の昔からの感覚的、精神論的なマネジメント体質が残っていました。管理者が、実際に見ていたのは、部下の『売上数字』だけだったのです。「君は、今月の目標達成まで、後○○万円だ！」ということを、本人に声掛けするだけになっていたのです。

そして、アドバイスとして、「頑張れ！」や「真剣にやって」という全く具体性のないものを、投げかけていたのです。これでは、その営業担当者は、自分の営業プロセスの何が悪いのかがわかりません。自分が何を変えればよいのかがわからないために、行動も変わることなく、成績も悪いままになったのです。

「部下が成果を出すこと」が管理者の役目です。そのためには、「このような顧客に当たれ」、「あの内容で提案してみろ」というように「具体的な行動レベルの指示」を与えなければなりません。

この目標達成のための『行動分解』が、管理者の役目になります。その部下の行動の分解を手伝い、実際に成果を出させることで、その本人も徐々にその思考方法と行動パターンを身に付けることができるようになります。

これを管理者ができない理由は、やはり「管理者が管理できる仕組みになっていない」ということにあります。そして、この根源は、やはり「その管理者の上にいる社長ができていない」ということにあるのです。

管理者は、社長の思考方法に倣っていきます。根性論で教われば根性論に、ロジックに教わればロジックになっていくのです。普段から、社長は管理者（特にまだ能力が低い管理者）に対し、目標を示すだけではなく、次の行動を確認する必要があります。未熟な管理者には、行動分解を手伝うことをします。その体験が一番の学びになるのです。

H社長は、すぐに仕組みの見直しを行いました。そして、管理者のやるべきことを明文化したのです。その結果、翌月より業績は回復することになりました。各管理者が機能し出したのです。

ある日、H社長は、その管理者の1人から言われました。「H社長、ありがとうございます。自分が何をすればよいかが、やっとわかりました」。その管理者自身も、自信を失いかけていたのです。

2 当てになる管理者を量産して、大きな飛躍に備えよ！

任命した管理者、採用した管理者候補が、機能しないその理由とは

多くの年商数億円企業で起きている管理者に関する問題の原因は、この一言に尽きます。「管理者を動かす仕組みがない」です。その結果として、管理者に任命しても機能しないという現象になっているのです。

そして、「管理者が育たない」と言う問題の本当の理由もここにあります。管理者を動かす仕組みがないのです。すなわち、「決められたことがない」から管理者が育たないのです。

当然、管理者としての素養の問題はあります。しかし、それは、管理者に決まった仕事がある状態になって、初めて議論できることなのです。

他には、「管理者経験者を採用し、管理者に任命したが全くダメだった」というケースもあります。これも、そもそもの管理者の業務が、ルーチンワーク化されていないからなのです。

そこで彼らは、現状の仕事のやり方やそれぞれの案件の状態を知るために、大変な苦労をすることになります。

また、各業務の方針やそうなった経緯を知るすべはありません。全部員にヒアリングをするも、曖昧な答えしか返ってきません。その状態では、余程の力がある人でなければ動けないのです。

「管理者を動かす仕組みをつくる」、すなわち、「管理者のルーチンワークを明確にする」のです。そして、そこに「管理者候補を載せる」という順番です。

これを、年商数億円企業では意図してつくっていく必要があります。それは、社内に「管理者のモデル」が居ないからです。いままでは、社長以下横一線という文鎮型組織でした。「どういう仕事をするのか、どう動くのか、どういう発言をするのか」、管理者のモデルが全く社内には存在していないのです。

これが、大手企業では、管理者のモデルがすぐ側にいます。新入社員の上には主任が居り、主任の上には課長、課長の上には部長という組織の形がすでに存在しています。そして、その管理者に直接面倒を見てもらっています。だから、自然と自分の中で「いつかは管理者になるのだ」という心構えと、「あのような仕事するのだ」というイメージが形成されることになります。

年商数億円企業では、新入社員の上にいるのは「先輩」です。それも、同僚のような先輩です。その上には、部長や課長という役職は付いているものの、実際にはバリバリの「プレイヤー」がいます。そして、その上が社長です。

若手社員は「管理者のイメージ」を持つことはないのです。それどころか、その機能していない管理者が彼らの「管理者のイメージ」になってしまうのです。

残念ながら年商数億円企業には、すべてに対してのイメージがないのです。「よい社員とはどのような社員なのか」、「部下への教え方はどうあるべきか」、それらがないために、いつまでもそう成っていくことがないのです。管理者本人はもとより、社内全体に対し、「管理者とは何をする人か」をしっかり発信する必要があります。

これは驚かれることかもしれませんが、世の管理者の中に、「管理者は何をする人か？」と訊かれ、答えられる人はまずいません。大手企業であればこれで問題はないかもしれませんが、これから管理者のイメージを社内につくり上げていく段階の企業では、これは非常にマズイ状態だと言えます。

彼らの正しいイメージづくりを助けるためにも、その正しき定義を伝える必要があります。そのための訓練プログラムの運用であり、管理者を動かす仕組みなのです。

管理者を育てるためにやること、そして、その手順

管理者を動かす仕組みができると、いよいよ管理者の『量産』に移ることができます。

我々は、事業をもっと拡げたいのです。それは、お客様に提供する「サービスの量産」を意味します。そのためにやることは、営業社員の量産、エンジニアの量産、事務スタッフの量産なのです。

そして、次は、『管理者の量産』になります。

事業を大きくする上で、管理者こそがキーマンになります。その数が多いほど、事業を拡げるこ

とができます。その質が高いほど、スピードをあげることができます。

その管理者の管理すべき対象は、一言で表現すれば、『未来』となります。その未来の中身は、この章の前半でご説明した2つになります。『目標の達成』と『仕組みづくり』です。

部下の行動やその日の案件の出来を管理しているだけでは、不十分です。部下のそれを見ながら、次に起きる問題などを予測し、先回りして指示を出していきます。また、仕組みの具合をチェックし、必要に応じ、その課題と改善案を社長に提出します。そのように、未来に先立ってどんどん手を打っていくのです。

管理者を育てるためにやることとその順番は、次の通りになります。

採用した社員を「決まったことがその通りにできるようにする」、そして、「その道のプロとして、給与以上に稼げるようにする」そして、その中から素養のあるものを管理者の末端にあげ、「未来づくりの仕事を与える」のです。

その未来づくりの仕事が「1つの部署の長として目標達成に取り組むこと」と「仕組みの改善に取り組むこと」になります。そして、その中から更に、目標の達成と仕組みの改善において実績を上げた者に、「大きな未来づくりの仕事を与える」のです。より多くの人数、より大きな仕組み、より長いスパンを担ってもらうのです。

管理者とは、「未来づくりのプロフェッショナル」と言える存在です。自社がこれから先も、成長発展できるかは、この「未来づくりのプロフェッショナルをどれだけ量産できるか」にかかっています。それを会社の仕組みに、できるかどうかなのです。

若手の頃から与えるべきことと、そのベストなタイミングとは

未来づくりに貢献する人材の育成に必要なことは、「若い頃から未来づくりの仕事を振っていくこと」です。与えるからできるようになるのです。小さなところで言えば、それは、「後輩の面倒を見させる」や「マニュアルの更新」や「業務の改善案の提出」になります。

少し大きなものになると、「主任やリーダーとして、１つのチームの目標の達成」や「プロジェクトリーダーとして、１つの業務の仕組みの改善や導入」となります。

これを第二段階である「その道のプロとして、給与以上に稼げるようになる」というタイミングから与えることをします。それにより、早い時期から管理者としての能力を開発していくのです。

残念ながら、多くの年商数億円企業では、社員にこれらの機会を与えられていません。その結果、成長が止まってしまっているのです。

ある者は、日々の作業をこなせるようになった段階で止まっています。ある者は、営業や施工の分野でプロフェッショナルになったものの、日々案件に追われる状態になっているのです。そして、その状態で年月が経っていきます。そして、ある日、社長から管理者への就任を打診されることになります。そのある日とは、大概「誰かが辞めたとき」です。

それまで、管理者の仕事である「目標達成のための計画づくり」などやったことがありません。

また、「仕組みの改善のための企画書」を全くつくってきませんでした。下手したら、一度もまともな文章を書いたことがないのです。

その上、その会社には、管理者を動かす仕組みもありません。それでもその本人は、社長の期待に応えるために、その役を引き受けてくれます。

そして1年後には、その本人も、その社長も「管理者として何もできないこと」を痛切に感じることになるのです。そして、追い打ちをかけるように「外部の管理者研修に放り込まれること」になります。これは、不幸としか言いようがありません。

M社長、スポーツジムは2年で8店舗に。その仕組みを通販にも展開し売上は倍に

スポーツジム事業M社は、半年という短期間で基本的な仕組みをつくり上げました。そして、本格的な店舗の量産体制に入ったのです。コンサルティングをスタートして2年が経過したとき、店舗は8つになっていました。

M社長は、完全に仕組みの発想とつくり方を身に付けていました。そして、M社は、仕組みで回る会社に変わっていたのです。

その後は、店舗を出すほどに、それぞれの仕組みの精度は上がっていきます。1店舗出すと、改善すべき点が見つかります。また、お客様の声を聴きサービスの変更を行います。そして、スタッ

フを採用する度に、訓練プログラムをブラッシュアップしていきます。

1つの経験から得たナレッジを、仕組みに落としていきます。「店舗という1つのパッケージを育てる」、「業務のマニュアルを育てる」、「社員育成の仕組みを育てる」。仕組みにするからこそ、そのすべてが蓄積されていくのです。そのサイクルを、会社全体で回していきます。

そして、M社長は、その身に付けたものを、通販事業のほうにも導入していきました。その甲斐もあって、通販事業は、年商5億円が2年後には10億円になっていました。

この2年の間に、この街の復興も進んでいました。この日、私は、翌日のコンサルティングのために前乗りをしていました。そして、M社長に食事をご馳走になっていました。

アーケード内の2階の居酒屋の席から、沢山の人の往来が見えます。そこに目を向けながらM社長は、言われました。「この街に活気が戻って嬉しいです」。そのまま少し沈黙が続きます。

店員が次の料理を持ってきたタイミングで、M社長は口を開きました。

「先生、次の事業を起こすときは、ある程度仕組みをつくってから、社員を入れるようにします。そっちのほうが断然早いですよね」。私は、「そうですね」と頷きました。

これは、仕組化を覚えた社長が共通して言われる言葉です。

殆どの創業者は、熱に取り付かれたように会社を辞め、勢いでその道を歩み始めます。その後は、自分の能力であったり、前職の経験をもとにしたりして事業をつくっていきます。それから、売上を伸ばす過程で、仕組化を進めます（仕組化に向かわず、案件をこなすことに向かって停滞する経営者も多くいます）。その結果、この創業から本格的な展開までの時間が、「かかり過ぎること」になっているのです。

これは、後継者も同じです。その事業や業務の回し方、そして、経営の仕方までが属人性が高い状態で引き継がれることになります。そのため、それらを把握すること、そして、仕組みを整え、事業をある規模にするのに、非常に苦労をすることになります。

事業のつくり方を習得した社長にだけ、見える世界がそこにはある

それが一度、事業や仕組みのつくり方を覚えると、事業の立上げ方から軌道に乗せるまでのプロセスが、すべて見えるようになるのです。

まず事業モデルをつくり、それから、仕組みの順番でつくっていくことになります。このときには、社長と極少数の仕組みづくりのできる社員だけで進めていきます。

そして、ある程度それらができ、確信を持てたところで、本格的に「実行層であるスタッフ」を入れていきます。その様子を見て、仕組みの完成度を高めつつ、徐々に「設計層」のメンバーを増やしていきます。

これにより、リスクを抑えながらも、最速で新規事業を立ち上げることができるのです。M社長と同様に仕組みづくりを覚えた社長には、それが再現できるようになるのです。

M社は、店舗が増える過程で、分業を進めていきました。この8店舗という規模になると、十分、

本部機能を持つことができます。その本部の中を、マーケティング、店舗運営、そして、トレーナーの採用育成などと、担当をより細かく分けることに取り組みました。

これが４、５店舗という規模では、本部を独立させ維持することは難しくなります。本部の人件費や運営費は、各店舗からの「あがり」で維持されます。この店舗数では、本部と言っても、社長と経理スタッフともう１人という少数にならざるを得ないのです。

店舗が増えると、本部を拡充できます。それは、より分業を進められると言う意味になります。その１つの目安が８店舗となります。分業が進むほど、各部門や一担当者の受持ちは狭くなり、その分そこに集中することができるのです。また、専門性を高めることもできます。

益々、仕組みづくりは加速していくことになるのです。今までやりたくてもやれなかったことにも、手を付けることができるようになります。

そして、この先の出店が、より大きな利益をもたらすことになります。店舗の数が増えても、それほど本部の社員数が増えることはありません。少ない人数で20店舗、30店舗、と増やしていくことができます。トレーナーの量産、管理者の量産、そして、店舗の量産の仕組みができた今のＭ社には、それが可能となっているのです。

店舗スタッフを仕組みづくりに巻き込んだ方法

Ｍ社長は、Ａ君と言う１人の社員のことで悩んでいました。

彼は、創業から数年のタイミングでM社に入社をし、通販事業部で物流や広告製作を担当してきました。そして、スポーツジム事業の立上げの際に、こちらに移ってもらったのです。

この2年間、通販事業部も売上の増加と共に、社員を増やしてきました。当初は8名ほどでしたが、今では15名になっています。A君には、そこで管理者のポジションを担ってもらっていました。

しかし、管理者として期待したほどの成果は出せませんでした。

その当時でも、完璧とは言えないものの、仕組みはある程度整備されており、管理者としてやるべき業務も明確になっていました。しかし、メンバーをぐいぐい引っ張り、なんとしても成果を出すという力には欠けるという評価をしていました。

そこで、M社長は、A君を一旦スポーツジム事業に移すことにしたのです。

M社長は、「管理者業務に関わらせるのが、遅すぎたのではないか」と省みていました。A君も30代前半です。この齢まで、作業中心で、仕組みづくりやチームを管理することを任せてこなかったのです。

このA君の反省のこともあり、スポーツジム事業のほうでは、作業層である店舗スタッフに、早い段階から仕組みづくりに関わらせるようにしました。入社から1年が経過し、一連の業務を覚えたスタッフに、仕組みづくりに参画する機会を与えることにしたのです。

各店舗に、トレーニングと店舗運営のマニュアルの更新の担当を、1名ずつ任命したのです。

そして、3か月に一度のマニュアル更新会議の日程を決めました。これにより、日常においても改善意識を持たせることができます。また、その本部での会議に向けて、浮かんだアイデアや問題点をメモに残すようになるのです。

その時期が来ると、彼らを本部に集め、その業務は「どうあるべきか」の話し合いをしてもらいます。その場では、各店の状況を共有し、率直な意見交換を行います。そのときには、再度、それぞれの業務の目的や方針を確認することも忘れません。そして、マニュアルに修正を赤字で記し、会社への改善案という形で提出させたのです。その会社として承認したマニュアルを、彼らが講師役となり、各店舗のスタッフに説明をしに行くのです。その後の各店舗では、その新しいやり方が、全スタッフに定着するまで見守ってもらいます。

この取組みには、多くのメリットがあります。やはりサービス型事業であるために、サービスを提供している本人たちにしか気づけないことがあります。その課題とアイデアが沢山出されるのです。また、自分たちがそのルールやマニュアルをつくっているということもあり、その後の定着も早く、維持もされやすくなります。

そして、何よりも、仕組みづくりに意識を向けさせることができます。また、仕組みづくりのプロセスを覚えることになるのです。管理者育成の機会とすることができます。

「優秀な社員を辞めさせない」ための仕組みを整備する

そして、この取組みには、もう１つ非常に重要な意味があります。

この取組みが、「優秀な社員を留める仕組み」になるのです。

優秀な社員は、よくも悪くも向上心が強いものです。そのため、毎年同じことをやらせると、新天地を求め去って行ってしまいます。

この取組みは、そんな彼らの想いに答えることになります。

優秀な社員にとっては、「新たなことを勉強する機会」と「会社運営に関われるという喜び」を提供することになるのです。そして、その中で能力が高く、意欲もある人材が浮き出てくることになります。

M社長は言われました。

「通販事業では、1、2年という育った頃に辞めていくという現象がずっと起きていました。それも優秀な社員からです。そういうことだったのですね」

そして、少し間を置き付け加えました。「その結果、当社はおとなしめの社員ばかりになりました」

私は、M社長に1つ提言をさせていただきました。「キャリアプランをつくられたらどうでしょうか」

キャリアプランとは、入社してその後、どうステップアップしていくのかをまとめたものです。それがあれば、社員もこの会社で働き続けるイメージを持つことができます。また、自分が「この先に何を求められるか」を明確に知ることができます。そして、これを募集要項に掲載することで求職者への訴求力を高めることができるのです。

インストラクターで入社し、副店長、そして店長になります。その先は、エリアマネジャー、そして、本部の管理者への道があります。または、インストラクターから、本部スタッフへというローテーションも準備されています。

ラフに書かれたキャリアプランを手に持って、M社長は言われました。「これなら、彼らに、我々の会社で長く働いてもらうことができます」

M社長は、自分の理念として、「社員が長く働ける会社をつくる」というものを抱くようになっていました。若いスタッフが好まれる傾向が強いスポーツジム事業では、それは難しいのではと考えていたのです。

この制度があれば、能力と意欲のある人には、この先も働いてもらうことができます。また、その経験をより活かしてもらうことができるのです。

20代後半で人生の分かれ道が来る、それに気づいていない多くの若者

そしてM社長は、その大きな目をこちらに向け、言いました。

「会社に勤める人間には、20代後半に大きな人生の岐路があるのですね。先生、彼らは、この重要性をわかっているのでしょうか？」

これは、この我々のいる社会の真意を突いた言葉と言えます。どんな人も、社会人になると実行

層としてスタートします。そしてまずは、1つの分野でその仕事を一生懸命に覚えます。

数年が経つ頃に、プラスアルファの仕事を依頼されることになります。「改善提案を出してください」、「後輩の面倒を見てください」と。

更に年月が経ち20代後半になると、「企画書をつくってください」、「マニュアルを改定してください」、「1つのチームを受け持ってください」という、少し大きな『誘い』がやってきます。

それに前向きに取り組み、新たな能力を獲得した人は、更に大きな役割の『誘い』を受けることになります。その誘いに対し、消極的であったり、成果を出さなかったりという状況であれば、徐々にその誘いは減ることになります。辛抱強い会社でも、精々30代前半までです。30代後半になると、完全にその誘いはなくなります。

「そのまま実行層側の社員でいるのか」、それとも、「チームリーダーや仕組みの改善を担う設計層側に移るのか」、その分かれ目が、20代後半にあるのです。それは社会から、「貴方はどうする。どっちの人生を選ぶ？」と訊かれているようなものなのです。その問いに対する答えで、その人の人生は全く異なるものになります。

また、その給与水準も、実行層側のそれか、設計層側のそれかが決まるのです

私は、M社長に答えました。

「いいえ、残念ながら全くわかっていないでしょう。そんなことを学校では教えませんまた、はっきり言ってくれる大人もいません」

その答えを聞いて、Ｍ社長は言いました。「少しお節介かもしれませんが、社員にこのキャリアプランを説明するときに、この世の中の構造も伝えるように致します。いいえ、伝えるように訓練プログラムに織り込みます」

一度は「使えない」と判断したＡ君が、活躍し始めた。そこで起きていたこと

Ｍ社が変革に取り掛かり、４年が経過しようとしていました。通販事業は年商15億円、スポーツジム事業は年商12億円になっています。いよいよ年商30億円が見えてきました。

２回目の移転を終えたばかりのＭ社のオフィスは、完全に立派な会社のそれになっています。きれいでおしゃれな空間に、20名ほどの社員が働いています。気のせいか、全員の顔が知的で上品に見えます。

社内を案内され、会議室の席に戻ると、知った顔の方がお茶を持ってきました。それは、Ａ君でした。

私は、彼の顔を見て「いまどうしているだろうか」と思いました。「お茶を持ってくるということは……」という思いがよぎります。それを察してか、Ｍ社長は、いまのＡ君を紹介してくれました。

「今、彼は、○○業務のリーダーです。いまの当社には、なくてはならない人材となっています」

Ａ君は、その場で姿勢を正し、頭を下げられます。

私も、「ご活躍のＡさんにお茶をいただき、恐縮です」と頭を下げました。「いいえ、先生が来ら

れているということで、代わってもらいました」とA君は笑顔で言われました。

A君が部屋から出るのを待って、M社長は話し始めました。

「先生、A君が変わったいきさつを聞いていただけますか」

私は、「はい、もちろんです。何かされましたか」と尋ねました。

「いいえ、何もしていません」と答えがあり、M社長は、当時を顧みて言います。

「当時の我社には、A君を活躍させるだけの下地がなかっただけなのです」

当時から通販事業部の中で、複数のサイトを運営していました。そして、そのそれぞれのサイトは、小さな売上でした。そのため、1人の社員が何役もこなし、沢山の種類の業務を抱えることになっていたのです。

その結果、社内では「何でも器用にこなす社員」が活躍できる状態にあったのです。

A君は、じっくり考え、1つひとつをしっかりこなすタイプです。広い視界と俊敏性が求められるその環境の中で、どうしても動きが遅いと判断されていたのです。

年商数億円企業だからこその、社員が力を発揮できない理由とは

スポーツジム事業に移った後も、A君の動きはパッとしませんでした。M社長は、いよいよA君に対し、「使い道がない」と思うようになっていたのです。

その際にも、私に相談がありました。そのときに私は、「もう少し様子を見てはいかがでしょうか」

と提案をしました。仕組化が進む過程で、A君のような大人しい方が、力を発揮するケースを何件も見てきたのです。

店舗は、１、２か月に一店舗というペースで増えていきます。その過程で、仕組みの改善をどんどん進めていきました。

そして、それに合わせて、人数を増やし、分業も進めていきました。

それと相反するように、A君が力を発揮するようになったのです。

１人の社員が受け持つ業務範囲が、狭くなっていったのです。

限定された業務であれば、そればかりを繰り返すことができます。また、各部署が独立しているため、ある程度自分たちでスケジュールを立て、コツコツと進めることができます。

このペースが、A君には合っていたのです。

そして、10店舗目の出店の頃には、部下２名を持つチームリーダーになっていました。その２人の部下はどちらも女性です。A君は、その部下のやる気と能力を上手に引き出し、チームを管理しています。スポーツジム事業における最も重要となる業務で、大きな貢献をしてくれています。

M社長は、言われました。「当時は、方針も曖昧でした。すべて私の能力不足だったのです」

社員が力を発揮できない理由は、そう多くはありません。

「方針が曖昧である」、「ベースとなる仕組みがない」、そして、「受持ちの業務が広すぎる」となります。

それがなくなったとき、社員が力を発揮する下地ができたと言えるのです。その結果として、A君が活躍することになったのです。

まとめ

- 社員を動かす経営計画書の要所は、「未来について書かれていること」と「具体性があること」の2つ。それにより社員は未来思考に変わり、自分の行動を具体的にイメージできるようになる。
- 社員や管理者の未来づくりへの貢献の対象は、「目標の達成」と「仕組みづくり」にある。ここに彼らが関わることで、会社は初めてスピードある成長と展開が可能になる。
- 管理者が機能するためには、「管理者を動かす仕組みがあること」が前提である。管理者が育たないのも、その仕組みがないからである。まずは、その仕組みの獲得が必須となる。
- 社長が精神論であれば管理者もその通り育っていく。社長が管理者の「行動分解」を手伝うことで、管理者も部下に対し「行動分解」で指導するようになる。
- 事業を大きくするキーマンが管理者である。プロフェッショナル人材の量産の次は、『未来づくりのプロフェッショナル』である管理者の量産に取り掛かることになる。
- そのためには、若いうちから未来づくりに関わらせる必要がある。そして、それが優秀な人を留めることになる。

第6章

優秀な人材が入れてくれと列をなす、採用の実務理論

成長軌道に入ったM社が取った採用方針とは　その結果、新卒応募者200名！

この頃には、M社は、地域でも注目される会社の1つになっていました。それに応じるように、M社の採用状況も大きく変わっていきました。人が採れる会社になっていったのです。

中途採用の募集をかければ、多くの応募者があります。その中には、大手企業からの転職希望者や都会からのUターンの方もいます。その数もそのレベルも、3年前のM社からは考えられないほどになっていました。

そして、この時期から、新卒者の採用に本格的に取り組んだのです。新卒採用においても、その応募者は、200名を超えるまでになっていました。

これは、年商数億円から年商10億円企業に変貌を遂げるときに起きる現象の1つです。人が採れない会社から、人が採れる会社に変わるのです。強い事業と仕組みがあり、伸びている会社というものは、それだけの魅力を発揮してしまうものなのです。

合わせて、会社としての採用方針も大きく変わることになります。それは、「先行採用」になるということです。

強い事業と仕組みができると、来期の伸びもある程度予測できるようになります。

新しく店舗を出すから営業職が何人、顧客数がどれだけ増えるからエンジニアが何人と、必要となる増員数も読めるようになるのです。

予定どおりに事業を伸ばすためには、その数の確保が不可欠になります。それに、先行して人を採用することになるのです。

会社の業績がよいこと、そして、会社がそれなりの規模になっていることもあり、「多少多く採用したとしてもよい」と思える状態になっています。また、大量に集め、大量に採用することが可能となっているのです。

それが、いままでの採用方針は、「欠員補充」でした。強い事業も仕組みもありません。伸びる確信を持てないために、余剰人員を抱えることができません。そのため、欠員が出るたびに、採用活動を行うことになっていたのです。

当然、いつもタイムリーに採用することなどできません。人の不足状態にある期間、他の社員の負担は当然大きくなります。また、採用できたとしても仕組化ができていないと、戦力化までの期間が長くなります。その結果、「他の社員が辞めてしまう」という負のスパイラルに陥ることになるのです。

また、「掛けた募集広告費がもったいない」と、それほどでもない人を、無理して採用することもあります。そのような予測はだいたいが当たるものです。その採用した人は、数か月後に「辞めてもらう」という事態になっているのです。

結果的に、採用費も育成費も、そして、その時間も無駄にしているのです。何とも「弱い」採用になっているのが実状なのです。

「優秀人材の確保」以外の、新卒採用の大きなメリットとは

先行採用をするためには、自ずと「新卒採用」という方針をとることになります。いくつかの理由で、新卒採用のほうが断然効率がよくなるのです。

新卒採用は、会社として計画的に取り組むことができます。学卒者の就職活動は、同じ時期にスタートをします。また、その動きもある程度決まっているのです。

そのため、企業としては、その時期に向けて募集媒体を手配したり、会社説明会を準備したりすることができます。

その特性ゆえに、マーケティング理論をフルに活用できるのです。

魅力的な事業や規模を持つ採用力のある会社が、断然有利な市場となります。また、それを「ある部門が担い、計画的に回すという分業」の仕組みができている会社には、それほど大きな負担にはならないのです。

新卒採用市場では、中小企業でも、そのやり方を工夫することで、「優秀な人」を獲得できる可能性を高めることができるのです。

訓練効率もよくなります。同じ時期に採用し、同じ時期にまとめて訓練できるのです。その時期がバラバラになる中途採用では、訓練効率は悪くならざるを得ないのです。

また、同期が複数名いることで、退職率も低くなります。逆に、新卒採用者が1、2名と少ない

場合や同期が全くいないと、退職率が高くなります。お互いの近況を報告しあったり、励まし合ったりと、腹を割って話せる同期の存在はやはり大きいのです。

この「訓練の効率性」や「同期の存在」を考え、隔年で新卒採用を行う会社は多くあります。

何にせよ、「強い事業と仕組みがあり成長している会社にしか、本当に有効な新卒採用はできない」ということになるのです。それらができていないうちに、新卒採用に取り掛かっても、それだけの効果は得られないのです。これは、先の第4章でもお伝えした通りです。

新卒採用か中途採用か、そして、どんな人を採用するべきか、その４つのパターン

新卒採用で行くか、中途採用で行くかという方針は、その目的によって決定することになります。代表的なパターンを次に４つ上げます。

パターン１．自社にないノウハウ（仕組み）を得たい

この目的において、中途採用者に求めるものは「経験」です。「高度なマーケティングのノウハウを持っている」、「数千万円級の案件の経験がある」、「大きな会社で管理部を回してきた」そんな、自社にないノウハウを獲得するために、中途採用を行います。

それこそ、「中途採用者によって会社を変える」ために行うのです。狙い通り採用できれば、その分野の課題を一気に解決し、飛躍的に前進させることができます。

その人材に求める条件を一言で言えば、「自社より先に行っているノウハウを持っていること」になります。そのため、年齢的には若くても30代からが対象になります。50、60代でも、求めるノウハウさえあれば、よほどの偏屈でなければ、何も問題はありません。

パターン2．将来の幹部候補（未来づくりに貢献する人材）を入れたい

この人材を獲得するために、新卒採用を行う会社は多くあります。先ほど述べた通り、採用力さえつけられれば、新卒採用市場においては、優秀な人も採用できるものなのです。

それに対し、中途採用市場においては、その確率は大きく下がることになります。優秀な人は、いまの会社でも活躍をしており、重宝されているのです。

また、彼らは新卒者と違い、すでに会社を観る目を持っており、自ずとその基準は厳しいものになります。

将来の幹部候補者に求める基準は、「成長意欲があること」になります。

彼らは、世のため人のために働きたい、そして、自分をもっと成長させたいという欲求を強く持っています。

そういう人だからこそ、この先の「自社の成長の原動力」になってくれるのです。

この優秀な人を採用するために会社としてやるべきことは、後ほど詳しく説明をします。

パターン3．業務を回す人がほしい：応用性の高い業務

業務を回す人を求めることは、新卒採用市場、中途採用市場のどちらでも可能です。しかし、「何の業務をやらせるか」によって、どちらを優先するかの判別は必要になります。

「高い応用力が求められる業務」であれば、新卒採用を基本に考えることになります。その業務は、仕組化がされているものの、どうしてもある程度の「優秀さ」が必要となるのです。

地頭がよいこと、色々なことを総合的に考えられること、人との折衝が上手にできること。その業務では、これらの能力のありなしが、成果に大きな差を生むことになります。

その代表的な職種に、サービス型事業の営業、エンジニア、施工管理、設計、プランナー、生産管理などがあります。

その能力の不足を、訓練や仕組みで補うには、やはり限界があります。また、求める人数が多くなるほど、そのような人材をタイムリーに、中途採用市場から採用することは難しくなります。だから、新卒採用重視の方針となるのです。

パターン4．業務を回す人が欲しい：作業性の高い業務

それに対し、それほど応用力を求めない業務、すなわち、作業メインの業務では、中途採用市場からの調達がメインとなります。

基本的な能力さえあれば、数日から数週間の訓練プログラムで、その業務を回せるようになりま

す。配属当初は、それほどの応用力を求められることもなく、仕組みに沿ってその通りにやれば、動いただけの生産性を上げられるポジションがあります。

このときに、その人に求めるものは、大きく2つになります。それは、「基礎能力」と「組織人としての態度」の基準を満たしていることです。それを言い換えると、「仕組みをその通りに回せる能力」となります。

先の「応用性が高い業務」では「ある程度の優秀さ」を求めるのに対し、この応用力を求めない「作業性の高い業務」では、「問題児を入れない」というところに主眼を置くことになります。

このような人なら、比較的にその時々に採用が可能です。そのため、中途採用という方針になるのです。

組織では、全員に優秀さを求めてはいけない

多くの会社では、この採用の目的をごっちゃに考えてしまっています。または、全く考えていないのです。その結果、採用に大きな不効率が発生しています。また、ミスマッチが頻繁に起きているのです。

ある食品加工会社では、「応用性を求めない業務」の代表である加工スタッフの選考に、「明るさ」や「積極性」という基準を設けていました。これは、完全なるミスマッチを引き起こすことになりました。

加工スタッフに求めるものは、「決まったことをその通りにやる能力」なのです。そこに「明るさ」や「積極性」は必要がないのです。その結果、退職率が高くなっていました。加工という業務に、その個性は全く合っていなかったのです。

会社という組織においては、間違っても、全員に優秀さを求めてはいけません。また、全員がオールマイティである必要もないのです。

事業は、「1人のクリエイティブな人間が生み出した1つの成功パターンを、多くの凡人で回し、大きく儲ける行為」とも定義できます。また、組織とは、「それぞれの個性や能力を持った人間が、活躍できる場」となります。

会社とは、色々な人が活躍できる場なのです。能力もやる気もある人は、それなりの働きができる場であり、それほどでもない人も、そのような働きができる場なのです。

それにより、会社としても、総合的にコストを下げることができるのです。

特に、成長途中にある中小企業は、その地域での多様な人や、多様な働き方ができる場となり得るのです。全員に優秀さを求めない、しかし、全員に成長と貢献のチャンスを与える、それが我々の会社なのです。

優秀な人の「会社選びの基準」とは

我々は、優秀な人に選ばれる会社になる必要があります。どんな時代も、優秀な人というものは、数が限られているものです。そして、彼らのほうに「どの会社で働くか」という選択権があります。彼らが会社を「観る」基準は明確です。それは、「自分が充実できるかどうか」です。どの会社に入れば、一番世の中や人のために貢献できるのか、自分は成長ができるのか、自分の能力を思う存分発揮できるのか、を考えるのです。

しかし、ここで注意をしなければならないのが、それだけではダメということです

彼らは、「自分が充実できるか」の前に、「この会社はある程度のレベルをクリアしているのか」を見ているのです。「当社なら、いろいろなことにチャレンジできます」、「どんどん提案を受け入れる会社です」、と「やりがい」を提供できる会社を装ってもだめなのです。

この会社の事業はどうなのか、競合に勝てる要素はあるのか。また、この会社は、組織的に運用されているのか、そして、この会社の経営陣に誠実さと愛はあるのか。それらを、総合的に見ているのです。

例え広告などの手法を駆使し、採用できたとしても、結果はよくないことになります。そのボロは、優秀な社員には、一瞬で見破られることになるのです。結果、新天地を求め1、2年で会社を去ることになります。

我々は、本当によい会社をつくる必要があります。強い事業、機能的な仕組み、そして、成長する組織。これが王道なのです。

いまの世の中、人が採れない会社は5万とあります。それらの会社は、採用と退職を繰り返すこ

とで、体力をすり減らしていっています。そして、いつかは、事業が継続できないようになります。その状態を、広告媒体の選定や採用テクニックでどうこうしようとしてはいけないのです。

本物の事業、仕組み、組織をつくっていきましょう。その取組みによって、人が採れる会社にすることができます。そして、伸びる事業に合わせ、タイムリーに人が採れるようになるのです。そして、そこに存在する自社の訓練と教育の仕組みに載って、次々と人が育っていくことになるのです。

事業でも、採用でも、目指すのは、そのエリアでナンバーワンになること

採用においてもナンバーワンを取る必要があります。目指すのは、「その地域」における「その業界」のナンバーワンです。○○市のシステム開発業ナンバーワン、○○エリアの建設業ナンバーワンになったとき、自社を取り巻く採用状況は大きく変わることになります。

採用はマーケティングというだけあって、その重要性は事業と同じなのです。そこでは、ナンバーワンによる「総取り」が起きます。

自社の採用活動において、まず考えなければならないのが、「対象者がどれだけいるか」ということです。首都圏や都市部の駅近という人口の多い地域にある会社は、やはりその対象者は多くなり、応募者も多く来ることになるのです。

それに対し、地方や郊外という人口の少ない地域にある会社は、その対象者は絶対的に少なくな

り、応募者も少なくなります。

いま自社の通勤圏内の人口の中に、その職種への転職を希望する人はどれだけいるのでしょうか。システムのエンジニアは何人？　また、施工管理者として働きたいという人はどれだけ？　人口の多い都市部であれば１００名はいるかもしれません。それに対し、田舎であれば３名もいないかもしれないのです。

そして、その対象者から比較されることになります。同じエリアにある同業のA社とB社と比較されて、自社が選ばれる必要があります。比較され負けている状態であれば、「内定を出すけど蹴られる」という状態が続くことになります。

採用できるかどうかとは、「対象人数」と「比較」の結果なのです。対象人数がいること、そして、比較されて選ばれることなのです。だからこそ、その地域でその業界でナンバーワンになる必要があるのです。

その結果、その地域のその業界のナンバーワンの会社の「総取り状態」になります。１回の募集で数十名の応募があり、その平均値も上がっています。その母集団があるからこそ、本当に優秀な人を採用することができるのです。

そして、その地域のその業界の他の会社は、その会社を落ちてきた人を採用することになります。

事務所移転は飛躍の最高の一手。それを躊躇すれば停滞が訪れる

事業が伸びていく過程で、多くの会社が事務所を移転します。その理由の1つが「採用」です。より優秀な人をより多く、タイムリーに採用するために、人口の多い都市部に移転するのです。

ネット通販事業とスポーツジム事業を展開するM社も、この期間に事務所の移転をしました。それも2回しています。

1回目の移転は、事業と仕組みが軌道に乗ったタイミングでした。郊外の住宅街の古いプレハブを卒業して、市内のオフィスビルに移転しました。

そして、その1年半後の、いよいよ飛躍に加速がついてきた頃に、その県で一番のオフィス街にある新築のビルに移転したのです。周囲には、大手企業の支店や、地域の名立たる会社のオフィスがあります。その結果としての、翌春の新卒者の応募が200名を超えることになったのです。

M社長は、そのときにこう言われました。「先生、事務所移転ほど、費用対効果の高い投資はありませんね」

私は、事業と仕組みができ、売上が伸び始めたタイミングで、クライアントに事務所移転を薦めることがあります。その理由の1つは、先ほどご説明した通り「採用」にあります。採用により、よりレベルの高い人を入れ、会社の人材レベル自体を上げていきます。

また、都市部のほうが、「仕組化」に素養のある人を採用しやすいのです。隣にある同業の「自

社より先にいっている会社」からの転職者を、得られる可能性も断然高くなります。

そして、次に入ってくる人たちを、でき上がった仕組みに最初から載せていくことになります。彼らには、マニュアルなどの仕組みの存在は、あって当然のものとして受け取られます。そして、それを自然と、自分たちの仕事として引き継いでいくのです。その結果、仕組みで回る会社に益々成っていくのです。

「田舎」に事務所を残す選択をすれば、会社はいずれ停滞することになります。周囲には「当社より先にいっている会社」がないのです。また、「仕組化に素養のある人材」も絶対的に少ないのです。「自社よりも小さな会社」から「作業性の高い業務の経験者」を採用し続けることになります。

そして、今までの「属人性の高い当時の名残のある事務所」では、どうしても変化は遅くなります。オフィスの至る所に、その当時のやり方が染みついているのです。その棚には、昔の身内で回していた時代の、黄ばんだ書類が残っています。それをいつまでも断ち切れないことになります。

「自社ビルを建てると成長が止まる」の真相とは

また、そのオフィスの立地が、社員の意識に大きな影響を与えることになります
周囲には、大企業や中堅企業で働く人たちがいます。そんな人たちは、皆、身なりをきれいにしています。そして、その立ち居振る舞いや話し方に、知性と上品さがあるのです そんな人たちとエレベーターやランチの場で一緒になります。すると自社の社員もそのようになっていくのです。

不思議なもので、地方にある会社ほど、社員は「野暮ったく」なる傾向があります。その服装や態度に幼稚さが残ります。また、「組織」という概念も弱いのです。

それが、オフィス街に移転することで、一瞬で抜けることになります。その瞬間から、社員の意識が「自分は立派な会社で働く、立派な社員である」というものに変わるのです。そして、その空間が、その後もよい緊張感を彼らに与え続けてくれます。

その影響を受けるのは、経営陣も例外ではありません。社長もその役員も、よりきりりとした顔になり、その行動と決断に拍車が掛かるのです。そして、その交友はより拡がり、「自社より先に行っている会社」の経営者とのものに、変わっていくのです。

事務所移転には、それだけの意味と効果があります。

たまにこの事務所移転を躊躇される社長がいます。するとやはり、そこで停滞することになります。いつまでも採用できる人材のレベルが上がっていかないのです。そして、「立派な会社」という意識は社員に芽生えないのです。社員の意識も、経営陣の意識も、いつまでもそのステージに留まることになります。

立派な会社には立派なオフィス。立派なオフィスには立派な社員。やはり企業というものは、事業の成長と共に、オフィスを移り変わる必要があるのです。

よく「自社ビルを建てると成長が止まる」と言われています。

その真相は、社長の発想に『枠』を設けてしまうことにあります。事業を伸ばすための施策を考える際に、「自社ビル」が前提になってしまうのです。事業モデルや営業エリアを、自社ビルの位置を中心にして考えてしまいます。

売上を大きく伸ばすためや、よい人材を採るためには、移転したほうがよいと考えていても、「自社ビルなら家賃が掛からない」という思いを優先させてしまうのです。

「自社ビルを建てると成長が止まる」とは、まんざら間違ってはいない説なのです。

会社のステージを変える際には、事務所移転するという思い切った選択が必要になります。

人材育成の限界

この第6章すべてを使って、採用についてご説明してきました。やはり、それだけ採用と言うのは、会社を飛躍させるために重要だということです。

この章の最後に、はっきりお伝えしなければならないことが1つあります。これは、「人を育てる」という本書の趣旨とは、反していると思われてしまうかもしれません。しかし、それでもお伝えしなければならないほどの重要なこととなります。

それは、「人材育成よりも、採用が重要である」ということです。特に、会社の中核を担う幹部や管理者、そして、仕組みづくりに関わる社員は、それが当てはまります。

人には素養があります。そして、その人なりの経験があります。それを、育成で打ち破ることはできないということです。でき上がった訓練プログラムで、採用した人を短期間で戦力化することはできます。また、地頭がよく、やる気のある人に機会を与え伸ばすこともできます。訓練や教育の仕組みなしには、企業の発展はあり得ないことには間違いがありません

そして、同時に言えることは、「優秀な人材の獲得」なしには、企業の発展はあり得ないということです。

本当に優秀な人というのは、元々が優秀なのです。彼らは、物心ついたときには、成長意欲と好奇心、そして、プラスアルファの働き方というものを持っているのです。彼らは、空気を吸うように考え行動し、高みを目指す生き物なのです。その姿勢ゆえに、その人生の中で、多くのモノを獲得していきます。その成長のスピードもその大きさも凄いものがあります。

我々は、そんな人材を獲得したいのです。そんな人材を採用し、自社のある分野において、大きな革命を起こしたいのです。

M社でも、このタイミングで、管理部とシステム部に優秀な人を採用することができました。中堅規模の企業の管理部で働いてきたその社員は、M社長に何が不足しているかを伝え、そして、黙々とそれをつくり上げてきます。

経理の仕組み、そして、労務管理など、それらはM社が創業以来弱かった部分です。それが1年という短期間で完全に整うことになったのです。

また、システム担当に採用した社員は、自社にはない技術を持っていました。増える顧客の管理、そして、各店舗と本部とをつなぐためのシステムが必要になっていました。その彼は、それを解決す

るために、企画書をつくり、社長に提案をしたのです。そして、そのスケジュールを立て、業者と打ち合わせをして、着々と構築を進めていきます。その間の社長への報告も欠かすことはありません。

採用とは、会社の課題を解決し、その分野を一気に進めるための一手なのです。それにより、自分たちでやれば5年かかるところを、1年で完了することができるのです。企業の成長を加速度的にあげる最高の一手となります。この必殺の一手を使わない選択はないのです。それは、訓練や教育で、どうこうできるものではありません。これが事実なのです。

年商数億円企業の社長が取り組むべきものは明確

しかし、間違えないでください。この手を使うことは、本書を手に取っていただいている皆様の会社では、無理なことなのです。

そんな優秀な人を採用しようとしてもできないのです。事業に特色がなければ、彼らは見向きもしてくれません。また、仕組みも組織もないことは、すぐに見抜かれてしまいます。何かの間違いで採用できたとしても、彼らを使う力がこちらにはありません。そんな我々を見切って、その人材は去っていくことになります。それは、いままでに散々経験してきたことなのです。

ここまで本書を読んでいただき、それは十分にご理解いただけたと思います。今のままでは、採用もできない、訓練もできない、教育もできないのです。

くどいようですが、いまの段階では、「いい人を採用しよう」、「社員を育てよう」という方向に向かってはいけないのです。

年商数億円という規模は、一番大変なのです。この規模の会社には、何もありません。事業に特色はなく、仕組みもありません。優秀な社員もいません。案件の多くを社長と一部の社員が抱えている状態です。そして、1人当たりの生産性は悪く、利益も残っていかないのです。欠員が出て募集をかければ、「何かしらの理由で他社を辞めた人間」の応募が数件あるだけです。そして、案の定、定着率も悪いのです。古株の数名を除き、在籍歴3年以下の社員ばかりです。

それが、年商10億円企業の条件を満たせば、みるみる変わることになります。事業には特色があり、お客様に支持されるようになります。仕組みの上で、多くの社員が動くようになります。能力もやる気もある管理者が出てきます。その事業の強さと仕組みの効率によって、1人当たりの年間生産高は優に１０００万円を超えるようになります。そこから得られる利益を、次の人材の採用や研究開発に使えます。また、貢献度の高い社員には、報いることもできるのです。そして、募集をかければ、また優秀な人が集まります。

多くの年商数億円社長は言われます。「社長である自分が会社に来ることが楽しくない。こんな会社で、社員にも申し訳ないと思っている」と。

変革を遂げた多くの社長は言われます。「きれいなオフィスで、事業や仕組みについて、社員と本気のディスカッションができる。こんなに楽しいことはありません」と。

会社を大きく変えるため、事業を大きく飛躍させるために、必要となるものは決まっています。

そして、それをつくる順番も明確なのです。

「年商10億円になる事業モデルをつくる」、「年商10億円をさばく分業の仕組みをつくる」、「年商10億円、20億円に向けて成長する組織をつくる」、そして、この構築の要素と順番しか、社長が望むような「社員が活き活き働き、社員が育っていく会社」は実現できないのです。

まとめ

・年商数億円から年商10億円企業に変貌を遂げるときに、「人が採れない会社から、人が採れる会社」に変わる。また、欠員採用をやめ、先行採用ができるようになる。
・このタイミングで、採用効率と訓練効率のよさと、より優秀な人を採用するために、新卒採用に取り組むことになる。
・組織では全員に優秀さを求めない。採用の目的を明確にすること。仕組みを飛躍させたいのであれば、「自社より先を行っている会社」からの転職者を狙う。
・自社のエリアにおける「対象人口」と、他社と「比較」されたときに勝てるかどうかを考えること。
・事務所移転は、もっとも費用対効果の大きい投資になる。そのときに躊躇してはいけない。
・人の育成には限界がある。これが真実である。優秀な人が集まる会社になること。
・そのために必要となるものは明確。「事業モデル」、「分業の仕組み」、そして、「成長する組織」である。

第7章　本当によい会社にしたい！と望む社長のための王道経営

成長軌道に乗ったキラキラに輝く会社で増える3つのモノとは

成長軌道に乗っている会社は、外から見るとキラキラと輝き、立派に見えるものです。その会社の社長に会うと、目には力があり、すごいオーラを全身から出しています。その会社を訪問すれば、そこにはよい緊張感が漂い、社員がキビキビと働いている姿を見ることができます。皆さまも、そういう経験をお持ちのことでしょう。また、そうなりたいと思ったことでしょう。

その会社は、やるべきことをやってきたのです。その結果、キラキラに輝く会社になったのです。そのやるべきこととは、本書でご説明してきた2つになります。それは、『目標の達成』と『仕組みの改善』です。それにしっかり取り組んできたのです。その目標を完遂すると、またすぐに次の目標を定め、それに取り掛かったのです。

そのサイクルを『会社』としてやってきたのです。その結果としての、今の成長軌道であり、キラキラとした会社なのです。

この成長軌道に入ると、「3つのものが社内で増えること」になります。それにより、更に好循環が起きることになります。

その1：育つ人が増える、特に若い人が

成長の渦は更に大きくなります。それにより、更に巻き込まれる人が増えるのです。会社には、

まだ多くのものが不足しています。仕組みの整備も追いつかず、また、管理者の成り手もいません。事業の拡大に合わせ、更に分業を進めます。それにより、慢性的な「仕組みの改善と新しいポストの担い手不足」が起きるのです。

その環境の中で、若い人にどんどん重要な仕事や役割が、与えられることになります。それに彼らは、必死に食らいついてきます。この会社では、「大企業にいては到底考えられないぐらいの仕事」を若いうちにやらせてもらえます。これこそが「ベンチャー」で働く魅力と言えます。

この環境下で、彼らは、大いに成長することになります。それが、会社の至るところで起きるのです。その結果として、「育つ人が増える」のです。

周囲からは、「あの会社は役員も管理者も若いが、しっかりした人が多い」という評判を得ることになるのです。

その２：社員同士のコミュニケーションが増える

本来、仕組みが整備されると、コミュニケーションは減っていきます。仕組化により、メールを送ったり、確認したりする手間を減らしていくのです。

しかし、成長軌道に乗った会社では、どんどん顧客や案件、そして、スタッフが増えていくために、その仕組みづくりが間に合わないのです。そして、そこでは沢山のイレギュラーが発生することになります。その結果社員は、コミュニケーションを取らざるを得ない状況になるのです。

社員同士はもちろんのこと、社員と幹部、そして、幹部と社長のコミュニケーションも増えることになります。そのコミュニケーションは「本物」になります。

よく改革を終えた社長が「社員とのコミュニケーションの質が変わりました」と言われます。それは、社員との事業の考え方や向かうところの共有が進んだ結果なのです。

そして、コミュニケーションが増えると、やはりその関係性はよくなります。会社全体に「つながり」ができるのです。社内全体が、フラットでオープンな空気に包まれることになります。

本来、変化には、大変な苦労が伴うものです。その苦労もコミュニケーションがあるからこそ、乗り越えることができるのです。気軽に相談できる、励まし合える、そして、本気で意見交換できるという関係があるから、未熟で経験の浅い若い人でも、前向きに取り組むことができるのです。

その結果、会社のつながりは強くなり、社員はその一員であることを、誇りに思うようになるのです。

その3：充実感を持った社員が増える

その職場では、自分の能力の高まりと共に、自分が必要とされているという実感を得ることができます。そして、日々、程よい緊張感を持って働くことができています。

自分が受け持った仕組みの改善により、業務はより効率的になり、利益が出るようになりします。

その場には、「自分の成長と仕組みの成長」、「社員の成長と会社の成長」のシンクロ（同調）が生まれるのです。

また、上司や同僚というチームで困難なことを成し遂げていく喜びを、感じることができます。そして、その会社の成長と共に、自分の給与水準が上がっていくことになります。仕事が終わると、職場の皆と飲みに行くこともあります。そのときもしっかり仕事の話ができるのです。

仕事は大変ですが、楽しいと感じられる日々なのです。そんな充実感を持って働く社員が増えることになります。

逆に、成長しない会社で起きている３つのこととは

我々は、その会社を訪問したときに、そのような状態を目にしているのです。これが、成長軌道に乗っている会社、キラキラしている会社で起きていることなのです。

一方、成長していない会社では、これと真逆のことが起きています。それらの会社は、やはり「目標の達成」と「仕組みの改善」に、取り組んでこなかったのです。

⑴育つ人が少ない

成長しておらず変化がないので、社員には考えたり行動したりする機会が与えられません。それがあったとしても、古参の社員が対応するため、若者にはチャンスが回って来ません。会社全体が、「平和すぎる」ために社員が育たないのです。本来優秀な社員まで、その育ちは遅くなります。

⑵コミュニケーションが起きない

変化がないので、イレギュラーなことも起きず、「仕組みの改善」に追われることもありません。

当然、コミュニケーションの必要性は低くなります。社員同士の会話は、ただの「雑談」になります。そんな状況であるため、強いつながりも、その会社に所属する喜びも生まれることはないのです。

(3)充実感を持たない

前記の状態が長く続いたため、社内には緊張感がなく、緩んだ空気が漂っています。多くの社員は、目に力がなく、ペタペタゆっくり歩きます。新しい取組みに対し、何とも言えない抵抗感を醸し出します。

変革にかけていい期間は、2年と考えるべし

世の中の急成長している会社や、「ベンチャー企業」と呼ばれる会社は、正に、前者のサイクルに入っているのです。この成長軌道に乗った会社には、勢いがあります。それにより成長発展することで、更によい循環に入ることができます。

彼らは今まで、やるべきことをやってきたのです、しっかり「目標達成と仕組みの改善」に、取り組んできたのです。それも、「会社」として取り組んできたのです。

それに対し、後者の成長軌道に乗っていない会社は、そこに向かってこなかったのです。「目標達成と仕組みの改善」に、取り組んでこなかったのです。

その代わりに、「小手先」とも言えることに向かってしまったのです。それが、研修であったり、人事制度であったりなのです。

これらは、あくまでも、その王道を補強するものであり、これ自体が王道にはなり得ないのです。それらを取り入れることで、一時、社員のモチベーションを上げたり、社内に緊張感をつくり出したりすることはできるかもしれません。しかし、すぐに元の状態に戻ることになります。

そこには、「実業」がありません。自分たちが奉仕すべきお客様の反応や、日々の自分たちの業務には、何も変化は起こらないのです。そこでは、彼らが「変化の渦」に巻き込まれることがないために、「育つ社員」も「コミュニケーション」も、そして、「充実した人」も増えることがない状態が続くことになります。

優先順位が違うと言うことです。

ぜひ、原則を守り、本当のよい会社を目指してください。そして、そのために一歩を踏み出してみてください。その一歩が、会社を飛躍させ、ステージを上げることにつながるのです。そして、「社員を育てる・活かす」会社に変えるのです。

実際に本書で取り上げた事例の３社は、その変革に成功しております。

・ネット通販事業とスポーツジム事業のＭ社は、年商５億円が４年で年商30億円になりました。ピカピカの事務所で、若い社員たちがアイデアを出しまくっています。

・特殊加工業Ｆ社は、３年経ったときには、年商３億円が５億２０００万円になっています。優秀な社員が揃い、「メーカーになる」という夢の実現のために、スピードをあげています。

・不動産業Ｈ社は、年商（粗利高）１億５０００万円が３年で３億５０００万円になりました。昔は「野武士集団の会社」だったとは思えないぐらい、しっかり仕組みで回っています。

私は、次のような質問を受けることがよくあります。

「変革に取り掛かり、実際にそうなるには、どれぐらいの期間がかかるものでしょうか？」

私は、その期間の目安として、『2年』とお答えしております。

最初の1年間で仕組みをつくり上げます。そして、次の1年でしっかり「運用」をすることで、完全に定着し、自社のものにすることができます。3年が経ったときには、確実に成長軌道に乗っていることになります。

ただし、「事業モデルのつくり変えが必要な会社」では、もう1年多く見ておく必要があります。やはり事業モデルの開発には、時間がかかるのです。それでも、丸3年経ったときには、成長軌道の入り口に立つことができます。

逆に、これ以上の期間がかかるようでは、余計な何かをやっているということになります。

外部研修の4つの目的とその活用の仕方～上手に使えば、その効果は抜群～

私は、決して、研修のすべてが悪いと言っている訳ではありません。それらは、上手に使えば、組織の構築や人材の育成に大きく寄与してくれます。

しかし、何度もお伝えしている通り、それらの活用は、会社としての基盤ができていることが前提なのです。それができた後、または、その取組みが進んでいることが絶対となります。それができていないうちの「研修」は、順番が違うと言っているのです。

基盤ができた後での、研修の活用の仕方を確認しておきましょう。研修の導入や組み立ても、その目的や意図を明確に持つ必要があります。その目的次第で「その社員に提供する研修の内容とタイミングを考えること」になります。

研修の目的は、大きくは次の４つになります。

研修の目的その１・社内でできないことを体系的に教える

自社では時間の確保がしにくいものや、内容的に体系立って教えたほうが、効率がよいものがあります。これに当てはまるものが、ビジネスマナー、営業基礎、報連相、管理者研修、そして、何かのスキルや技能習得のための研修などが挙げられます。また、人格向上に関するものは、社内では難しいため（教える側と受入側の関係性と心理の面で）、外部研修の活用を第一に考えることがいいでしょう。

研修の目的その２・階層教育の一環（息抜きをさせる）

新入社員や入社数年の若手を対象者として、息抜き（ガス抜き）のために行います。主なものでは、新入社員フォロー研修や先輩社員研修があり、その開催はリアルが中心になります。疲れがたまってくる時期や転職心が生まれやすいタイミングに、その研修を織り込んでおきます。

また、その内容は、「その時期に抱きやすい問題の解決」や「このタイミングだから理解できること」で構成されることになります。

研修の目的その3・階層教育の一環（意識を目覚めさせる）

管理者研修、トレーナー研修が正にこれに当たります。その役に就く前に受けさせることで、意識を芽生えさせることができます。実際にその役に就くまでに、上司の仕事や立ち居振る舞いを観察したり、自分で課題を持って過ごしたりするようになります。

研修の目的その4・具体的なノウハウと知識の獲得

この4つ目は、少し目的が異なります。これは正確には「研修」ではなく、「セミナー」と呼びます。先の3つが計画的に行われるのに対し、これはその期の仕組化のテーマに伴って発生します。その参加者には、「仕組化に活かす」という具体的な成果が課せられます。そのセミナーの内容は、具体的なノウハウであったり、最新の技術であったりします。

この対象に選ばれる社員は、やはり優秀な人であり、その本人も自分が参加できることを本当に喜んでくれます。先の3つの研修は「研修費（育成費）」であり、このセミナーは「研究費（投資）」という認識になります。

単発でやる研修は、百害あって一利なし

そして、これをプログラムに落としていきます。1年目に何の研修を受け、2年目で何を受けて、管理者になる前に何を、というように決めていきます。プログラムにすることで、仕組みにすることができます。

仕組みになっていることで、分業の考え方に基づき、管理部や人事部にその運用を依頼することができるのです。それにより、毎期淡々と運用されること、そして、毎期見直しがされることになります。ここでも、「我々は、人ではなく仕組みを育てたい」ということなのです。

このプログラムという発想がない、すなわち、仕組化の発想がないと、「研修を単発で行うこと」になります。それも、何か問題が起きたときの開催になるのです。

「当社の社員は、報連相ができていない。報連相研修を受けさせよう」、「彼は、管理者としての自覚がない。管理者研修に行かせよう」となります。

根本的に、「何かの問題が起きたときに、何かをやろう」と考えるのが間違いなのです。その何かとは、イベント的なものと言えます。それは、対処になります。その考え方とそこに瞬間的に思考が向いてしまう習慣を、直さなければならないのです。

それをすれば、時間の経過と共に、「社内に受けた人と受けていない人が混在すること」になります。そして、その運用は淡々と行われず、社長が気づいたときになります（その仕事はその後も社長に残ることになる）。そして、改善が積み上がることはないのです。

「何かの問題が起きたときには、仕組みを直そう」が正しい発想なのです。

本当に世には、志高い研修会社や研修講師がいます。そして、本当に効果的な研修を提供してくれます。そこでは社員に対し、自社では絶対にできないよい影響を与えてくれます。社長は、しっかり理解することで、彼らの力を借り、より会社の成長を早めることができます。

次の第8章が、最後の章になります。この章は、これから更に大きく飛躍したい社長には、絶対に読んでほしい内容となっております。

まとめ

・成長軌道に乗った会社は、「会社」として、やるべきことである「目標達成」と「仕組みの改善」に取り組んできた。その結果、好循環のサイクルに入ったのである。

・その会社では、社内で3つのものが増える。「育つ人が増える」、「コミュニケーションが増える」、「充実感を持った社員が増える」。その中で、会社というつながりは更に強くなる。

・成長しない会社は「小手先」に向かう。それは研修や人事制度である。それらは、補強するものであって、王道ではない。優先順位が違うのである。

・研修というものを正しく理解し上手に使えば、組織構築や人材育成に大きく寄与してくれる。

・研修の目的を明確に持つこと、その主な目的は、「社内でできないことを体系的に教える」、「息抜き」、「目覚め」、「具体的なノウハウと知識の獲得」である。

・これをプログラムにすること。それによって、会社での運用、そして改善を積み上げることができる。思いつきで単発の研修をやってはいけない。あくまでも仕組みにする。

第8章

事業をより大きくしたい、複数の事業をやりたい、その大欲で進め！

M社長のグループ会社化への決意、「複雑化がマズいのはわかっていますが……」

「先生、グループ会社化しようと考えていますが、いかがでしょうか」

M社長から相談を受けました。このとき、コンサルティングを開始し3年が経っていました。通販事業は年商15億円になり、スポーツジム事業は、12店舗で10億円を超えています。

第1回目のコンサルティングのときに、M社長に、『複雑化』のマズさについてお伝えをしていました。

企業活動において、沢山の事業、沢山の顧客（定義）、沢山のメニューほど、悪いものはありません。それだけの仕組みが必要になるのです。また、社員の時間も能力も分散することになります。その状態のことを、『複雑化』と言います。

そして、その『複雑化』に見舞われるのは、社長も例外ではありません。社長の集中力が分散することになるのです。1つの事業だけであれば、その1つに24時間を向けることができます。それが、2つになれば12時間、3つになれば8時間しか割けないことになります。

社長の目が向いている事業だけが伸びていきます。社長の目が向いていない事業は、その歩みが遅くなります。そして、立て直しのために社長がその1つの事業に向かっている間に、他の事業がダメになっていきます。

この結果、会社として「マイナスではないが、勢いもないという中途半端な事業」を複数抱えることになるのです。

複数事業を持ってよい会社の４つの条件

３年前、私は『複雑化』のマズさを説明したうえで、Ｍ社長の個性のことを考えていました。そのうえで、複数の事業を持つ際の条件を出させていただいておりました。Ｍ社長は、その条件を覚えていたのです。

その条件は次の４つになります。

条件その１：１つの事業をまともに回せていること

世の多くの中小企業は、１つの事業でさえもまともに回せていない状態にあります。事業に特色がない、仕組化できていない、そして、組織も機能していない。それなのに、複数の事業や複数の会社を持とうとしています（驚くことにＭ＆Ａまでしてしまいます）。これは、経営を知っている者からすると、かなり「クレイジー」な取組みに映ります。

まずは、１つの事業をしっかり回せることが必要です。事業、仕組み、組織のつくり方を、社長自身がマスターする必要があります。

それらが自動で回っており、社長が現場を離れられているからこそ、次の事業に移ることができるのです。

条件その2：一事業一組織の原則を守る

そして、その複数の事業を、1つの組織で回そうとします。これは、1つのスポーツチームに、サッカーと野球という2つのスポーツをやれと言っているようなものです。それでは、スピードある成長も競合に勝つことも無理となります。

人の人生においても「集中」こそが、成功の条件です。その他の多くを捨て、何か1つに打ち込むからこそ、その分野において、抜きん出た成功を収められるのです。正確に表現すれば、抜きん出た成功を収める可能性を得ることができるのです。

組織も同様です。何か1つに集中することで、それに向けて仕組みも組織も最適化されていきます。その構成員もまた、それに集中できるのです。その結果、その組織は、高い専門性とスピードを持つことになるのです。

条件その3：グループ会社の社長の確保

ある意味、これが一番の問題かもしれません。優秀な人はいても『社長』となると、話は全く別物になります。社長には、事業にかける情熱と粘り強い精神力、そして、高い実務能力など、すべてが必要になります。

私は、その人選について2つの要件を伝えさせていただいております。その1つが、「24時間、その事業のことを考えられること」です。食事をしているときも、寝ているときも、それを頭において生きられるかどうかということです。

そして、もう1つが『実績』、すなわち、「きちんと何かしらの結果を残していること」です。自分で考え、自分で行動し成果を出したかどうかです。誰かに言われて動いた結果を、実績とは言いません。しっかり実績を残した人だけが、社長候補になれるのです。

人材抜擢のルール：役員や管理者に、こんな奴らは絶対に上げてはいけない

「実績があるかどうか」は、社長だけでなく、管理者の人選にも、当てはまる基準です。

「目標を達成するために自ら動いていたか」、そのときに、「企画書や計画書を作成していたか」、「チームのメンバーや後輩の仕事を管理していたか」、「気づいた課題とその対策案を社長に提議していたか」そして、「実際に業務の改善をしてきたか」。

これらの行動は、一般社員のときから観察ができることばかりです。

「実績があるものを上げる」とは、聞けば当たり前だと思うかもしれません。しかし、多くの企業では、その片鱗さえない社員を、管理者に上げているのです。

「長く勤めている者」、そして、「使いやすい者（指示を嫌そうに受けない）」、「言われたことはやる者」という、『実行層』の要件で見て、上げてしまっているのです。ひどいと、「声が大きい者」、「方針や社内の体制にロジックに指摘をする者（手足を動かさない）」という見かけで選んでいるケースもあります。

何にせよ、人事は重要です。そのポストに就けてみて、上手くいかなかったからと言って、すぐに降ろせるものではありません。それが「社長」というポストでは猶更です。

中には、そのポストに就けてみると「目覚めた」というケースもゼロではありません。しかし、そんな賭けのようなことができるのは、「身内」だからなのです。「身内」だから、その後待つことも、諦めることもできるのです。

「就けてみれば……」は、社員やヘッドハンティングしたばかりの人の場合では、絶対にやってはいけないことなのです。

条件その4：1つの事業で年商10億円を超える規模にする

年商10億円とは言わず、事業には、ある程度の規模は絶対に必要になります。規模が小さいビジネスはやはり弱いのです。年商1億円であれば、広告費はそれだけ小さくなります。また、研究開発に回せる金額も小さくなります。それでは、競合に負けることになります。

また、その仕組みやノウハウを、共有する人数は少なくなります。そして、その分、1人の受持ちの範囲は広くなります。その結果、内部の効率はどうしても悪い状態になり、絶対的に『儲け高』も小さくなるのです。

その1つの目安が、年商10億円、粗利高にすると3億円となります。粗利高3億円を、二十数名で回せていることが、目安になります。これが実現できていれば、生産性の高い事業も自走する組織もできていることになります。

できる社長が持つ「飽きるのが早い」という素晴らしき性分

M社長と一緒に、改めてこの条件を1つひとつ確認していきました。確かに、今のM社長は、そしてM社は、この条件を完全にクリアしています。

1つの事業の立上げの仕方から回し方という経営の基本を、身に付けることができています。1つの事業が10億円を超え、その1つの事業を1つの組織が回しています。そして、グループ会社の社長に任命できそうな人材もいます。

M社長は、この3年の間、複数の事業を回す大変さを痛烈に感じていました。確かに、それが経営効率的によくないこともわかっていました。

しかし、自分の心は「そうではない」と言っているのです。「自分は、もっと色々なことにチャレンジをしたい」とより強く思うようになっていたのです。

M社長は正直に言われました。

「いやー、自分、飽き性なのですよね。すぐ新しいことがやりたくなります。悪い癖です」

これは、世の多くの社長が持つ「癖」でもあります。特に創業者に強い傾向があります。この「飽き性」という特性は、決して悪いものではありません。

飽き性とは言い換えると、「新しいことに敏感である」、「アイデアが浮かぶ」そして、「既成概念にとらわれない思考」となります。また、「リスクを大胆にとれる」とも言えます。

これらは、経営者にとっては、必要な素養と言えます。敢えてこれを「悪い」と言うのであれば、その性分のまま動いてしまうことなのです。先にご説明した、「まともに1つの事業も回せていない」、「1つひとつの事業の規模が小さい」うちに、次の事業を立ち上げてしまうということが悪いことなのです。

この3年間の取組みの中で、M社長は、「自分は、何をやりたいのか？」の問いに、真摯に向き合ってきました。そしてこの段階に来て、いよいよその想いが明確に、そして、強くなってきたのです。その答えが、グループ会社化だったのです。

そして、私も、この期間で、このM社長の素晴らしい個性を活かすほうがよいと考えるようになっていたのです。そのほうが、M社長が活きること、そして、世の中に対しより大きく貢献する存在になるという確信に至ったのです。

倒産する唯一の理由とは　それは、社長の中で起きる衰退

企業が倒産する理由は1つしかありません。それは、「お客様から選ばれなくなった」という一点を除き何も存在しません。そのサービスに特色がなく、他にいくらでもある状態になってしまったのです。

その状態に陥るまでに、変革の時間も機会もあったはずです。しかし、それに手を付けてきませ

んでした。その結果、徐々に売上が落ち、やがて資金繰りが厳しくなり、事業停止または倒産になるのです。

実は、この「会社の衰退のサイクル」に入る前に、起きていることがあります。

それが、「社長の中の衰退」です。新しいことに取り組むのが、億劫になったり、臆病になったりしていきます。徐々に、興味を持ったことに対する瞬発力も探求心もなくなってきます。

この社長の中の衰退が起こった結果、事業モデルの変革や新たな施策を打つのが、遅れていったのです。

私は、クライアントの皆さまに、「絶えず、自分自身の目標を持つようにしてください」とお伝えしています。それも、成功が見えた社長ほど、強く言うようにしています。

コンサルティングを受け、短期間で実際に多くの仕組みが整備されていきます。そして、売上の伸びと逆比例して自由に使える時間が増えるのです。その結果、年商10億円などの１つの目標に届いたとき、気が抜け、のんびりしてしまう社長が少なからずいるのです。

実際に、M社長も、一時その兆候がありました。日々の業務は、幹部と社員の手によって回っています。そして、十分な利益も出ています。その瞬間に、何か今まであった気の張りというものがなくなってしまったのです。

今までは、朝、目が覚めると飛び起きて仕事に向かっていました。それがなくなり、布団の中でゆっくりしているのです。これは、独立してからの15年間ではなかったことです。

M社長は、このときになって、「絶えず、自分の次の目標を持つようにしてください」という言葉の意味を理解したのでした。M社長には、次の目標が見えていなかったのです。それもあり、自分は何をやりたいのかを、真剣に考えるようになっていたのです。

会社が衰退するとき、元気をなくした社長がそこにはいます。逆に、会社が発展するときには、元気いっぱいの社長がそこにはいます。

これは、紛れもない事実なのです。

社長は、自分を活かす方法、活かす環境、そして、自分が楽しいと思える生き方を追求する責任があるのです。

待ちに待った武将級人材との出会い！　そのタイミングとは

この改革に取り掛かった当初に、武将級の人材との出会いがありました。それは、会社が1か所目のプレハブ造りの建物にあった頃の話です。

その彼は、通販事業の求人の広告を見て、応募してきました。名の知れたネット関連企業で働いた経歴を持ち、そのスキルも実績も十分すぎるものに見えました。

M社長は、率直に「なぜ、うちなのですか？」と訊きました。その彼は、「事情があり田舎に帰ってこなければならなくなりました。この地域で、まともなネット関係の会社は御社しかありません」と答えました。

この答えに、Ｍ社長は素直に嬉しく思いました。そして、彼は言葉を続けました。「自分は、いずれ独立したいと考えています。それでもよければ採用してください」と。

これには、Ｍ社長も驚きました。ある意味それは彼の誠実さの表れであり、自信とも受け取れます。Ｍ社長は、彼を採用することにしました。

実際採用してみると、すぐに頭角を現しました。彼の持っているノウハウはもとより、それ以上に仕事に取り組む姿勢が素晴らしいのです。Ｍ社長や周囲の社員に対しても、礼節を持って提案をしてくれます。その提案の内容は群を抜いており、そして、１つひとつの業務のレベルも高く、そのスピードも速いのです。そして、成長意欲も高いのです。

どの会社にも、『武将級人材』との出会いがやって来るタイミングがあります。武将級人材というだけあって、人格も能力も兼ね備えています。いままでの社員とは明らかに格が違うのです。

しかし、その出会いのタイミングは、皆様が思っているよりも、だいぶ「遅い」と思っていただいて間違いありません。

その出会いは、売上が伸びるサイクルに「完全」に入った後になります。年商３億円の会社が変革に成功すると、３億３０００万円、３億８０００万円、４億７０００万円という調子に伸びていきます。この３億８０００万円から４億７０００万円の間でその出会いがやってきます。

事業と仕組みが回り、組織の形ができかけたときに、それが遂にやってくるのです。その人材の加入によって、その成長のスピードは格段に上がることになります。本当の右腕の出現です。

稀に、早い段階で武将級の人材が採れるケースがあります。

しかし、実際のところ、それが上手くいくことはありません。第6章の採用のところでご説明した通り、優秀な人同様に、こちらに使うだけの力がないのです。早々にその人材は去っていくことになります。

M社の、この出会いも少し早すぎました。M社長は、はっきり言っています。

「当社がどんどん変わっていくのを見せられたから、よかったのだと思います。もしそれがなければ、とっくに見切られていたと思います」

M社長が、グループ会社の社長への就任を打診したときに、彼は快諾してくれました。この会社にいれば、存分に力を発揮でき、より大きなことに挑戦できるというメリットを、感じてくれていたのです。

「自分の右腕として、経営全般をサポートしてくれ」で、幹部候補者を潰す社長

「武将級人材を採用できたが使えない」、「去って行ってしまう」、その理由の1つは、先にご説明した通り、こちらに仕組みがないことになります。

そして、実は、もう1つあります。それは、「武将級人材の使い方」にあります。「何でもやらせてしまう」という間違いを犯してしまうのです。

優秀な人が採れたという喜びで、多くのことに意見を求めてしまいます。その対象は、「会社全体」

となります。そして、「自分の右腕として、私の経営全般をサポートしてくれ」や「事業全体を統括してください」と依頼します。

最初は、気づいた問題点や提案を色々してくれますが、徐々にそれも減ってくることになります。そこには「具体的な依頼事項がない」のです。そのため、その社員は段々とできることがなくなってきます。そもそも経営全般や事業全体を見た経験もないのです。

そうして、鳴り物入りで採用した「幹部候補者」は、１年も経たないうちに会社を去ることになります。

ここでの考え方も、管理者や担当者に依頼するときと基本は一緒です。「１つのミッションを与えること。それも具体的な」、これが鉄則です。

「法人営業の仕組みをつくり、法人顧客を増やしてください」、「物流の仕組みをつくってください」、「管理部の整備をお願いします」というように、限定されており、その人が自分１人で推し進められる状態で渡すことが必要になります。

募集の際も具体的なそのミッションを、記載しておくとよいでしょう。その実績を持ち、自信のある人が寄ってくるようになります。また、採用後のミスマッチも防ぐことができます。

Ｍ社長は、その原則を守り、彼に限定したミッションを与えました。最初から通販事業部全体を任せることはありません。チームのマネジメントや仕組みづくりという実績を確認しつつ、依頼する範囲を拡げていったのです。

そして、その実績を見ての「社長への登用」でした。

その彼がネット通販事業に関わるようになって、2年で売上は倍になりました。M社長は、言われます。「彼に任せてよかったです。私では、そうはできませんでした」

すべての形で必要となる共同経営の3つの要所

ここで、「誰かと一緒に経営する場合」の要所を確認しておきましょう。父と息子、夫と妻、社長と専務、他社との協業、そして、グループ会社の会長と社長や役員会。

この要所は、「誰かを経営陣に入れる場合」すべてに当てはまります。

要所1：目指すべきところが合っていること

まず、事業定義、ビジョン、そして、どこを最重点にするかという方針が合っていることがスタートになります。人の考え方や価値観というものは、必ず違うものです。違う者同士が協力し合うからこそ、相乗効果が生まれるのです。それぞれの分野のプロフェッショナルが分業するからこそ、1人でやる以上の成果が得られるのです。

だから「必ずズレは生じる」ことになります。このときに、向かうところさえ合っていれば、その違いはよいものとなり、必ず落とし所を見出すことができます。逆に、向かうところが異なれば、よくて平行線、通常は段々と遠ざかることになります。

向かうところを合わせるためには、必ず成文化したものが必要になります。会社においては、それが経営計画書ということになります。

要所２：定期的にコミュニケーションを取る

向かうところが合っていたとしても、それでもズレは発生するものです。そのズレを放っておくと、それが相手への不満になります。不満を持つと人は、よりコミュニケーションを取るのを避けるようになります。その結果、更にその関係は悪くなり、崩壊という最後を迎えることになるのです。

対面でのコミュニケーションを取り、１つひとつの方針やルールを明確（成文化）にすることが必要です。そして、誰がいつまでに何を実行するのかを決めるのです。それをまとめたものが、方針書や規則になり、行動計画書になります。

このコミュニケーションの機会は、定例化しておくのがよいでしょう。定例化しないものは、「忙しい」、「メンバーが揃わない」を理由に、徐々にやらなくなってしまいます。

その重要性を理解し、会社の行事や他の会議と一緒に、期初に予定を立てるようにします。

要所３：同じ経営の仕組みを使う

要所の１と２は、経営計画書と行動計画書、そして、方針書などが運営の中心になります。実は、これらこそがその会社のノウハウであり、大きな財産となります。

この段階になると、これらは、その会社が長い時間かけて開発した独自のものになっています。それを、しっかり経営メンバーと共有することが重要です。また、管理者にもその意味を教え、その通りにやってもらう必要があります。

たまに、1つの会社の中で、部署ごとに異なる書式を使っているケースがあります。これほど、無駄なことはありません。そして、自ら、そのノウハウを崩壊に向かわせているのです。勝手に書式を変えさせてはいけません。必ず、会社として導入し、会社として改善を積み上げるのです。

特に、M社のようなグループ会社の経営では、その効力を発揮することになります。それぞれの事業や方針は異なっていても、同じ経営サイクルやマネジメントを行います。

これであれば、新たに就任した社長も「決まったことをその通りにできる状態」に入り易くなります。また、グループの会長としても、それぞれの事業の状況を掴みやすくなります。役員会で確認することは、「大きな方針と行動計画の進捗」のみになるのです。それさえズレていなければ、順調に進むことになります。

経営陣、グループ会社の社長、すべての管理者、彼らと共有しておくべきは『考え方』

何にせよ、共同経営は上手く行かないものです。「共同経営は、上手く行かないという前提」なのです。しかし、多くの企業は「何もせずに」共同経営を始めてしまいます。そして、崩壊していきます。

偶々、そのメンバーの相性がよく生き残る会社はあるものの、その他の多くの会社は、上手くやっていないのが現実です。その失敗の原因の殆どは、事業モデルのよし悪しではなく、その運営のやり方のマズさにあるのです。

前記の共同経営の３つの要所は、言ってしまえば、組織運営の要所とも言えるものです。自社がまだ小さい頃の一社一事業の時代から、正しく理解をして、つくるべきものをつくっていけばよいのです。

それを、経営陣やグループ会社に転用するだけになります。

そして、そのときには、しっかり『考え方』を役員や管理者と共有するようにします。彼らに、その手法や書式だけを引き継ぐのではなく、その目的やそこにある意図を正しく理解させる必要があります。

当社にもコンサルティングを、「グループ会社の経営者複数人で受けたい」との依頼があります。

それにより、経営陣全員が同じ知識を持ち、かつ、それに参画することができます。

このようなやり方は、「経営者の量産」を目標にしている会社にとっては、非常に有効な策と言えます。

支援先に問い合わせしてみるのもよいでしょう。また、社長が講師となって勉強会を開催するのもよい取組みとなります。

何にせよ、その「考え方」を承継していないと、その後の時間の経過と共に、勝手にそのやり方を変えたり、やらなくなったりすることになります。それによって、社長がつくったその経営の仕組みが、崩壊することになるのです。その結果、各経営者や管理者のレベルは下がり、任せた後の自社や各グループ会社は緩み、成長を止めることになります。

成功した社長が、最後にいきつく想い

M社長は、この頃になると自分の生き方を決めていました。生きる目的と表現してもよいかもしれません。それは、やはり「世のため、人のため」となりました。これは、すべての成功した経営者が出す答えかもしれません。

M社長も、創業当時は、食べるために必死でした。金が殆どない状態で、人を雇いました。また、広告費を投じました。そして、3、4年でなんとか食べられるようにはなりました。その当時も、「世のため、人のため」ということを謳っていましたが、今振り返ると、その想いは「本物」ではなかったことがわかります。

このステージに立ち、心からそうありたい、そうしたいと思えるようになったのです。

今も事業では、色々の問題はあります。

しかし、経営陣や管理者と一緒に考え、進められているのです。また、若い優秀な社員が加わり、和気藹々と「大変な仕事」に取り組んでくれています。十分な利益も出ており、研究開発や新規事

業に多くの投資もできております。この段階になると思うのです「ありがたいな」と。

そして、その想いから出た目標が「グループ会社化しよう」だったのです。創業時の自分自身の苦労の経験もあります。

この地域を襲った災害により、多くの人が長い時間をかけて築いてきたものを一瞬で失い、失意のどん底に落ちる姿を見てきました。また、この人口が減り、経済の縮小が続く地域では、若者はやりたい仕事に就けず、都会に出ていかざるを得ない状況にあるのです。

いつしか、もっと多くの人、特に若い人が、「希望を持つことができ、その機会を得られる社会にしたい」と考えるようになったのです。そのための自社であり、グループ会社であり、そして、そのための自分でいようと決意したのです。

その想いは、自社だけに留まりません。

やる気のある若い経営者を集め、勉強会を開催するようにもなりました。また、自分に人前で話す機会を与えられれば、喜んで受けるようにしています。

それで得することなど何もないのです。でも、それも自分に与えられた使命であると考えているのです。

社長よ、大きな欲を持って、突き進め！

そして、そう思えた瞬間から、「この会社は自分の物ではない」と思うようになっていたのです。

いまこの会社は、「自分が預かっている」という感覚で経営をするようになっていました。

「会社は株主のものである」という考え方があります。これほど間違った考え方はありません。会社は、そこで働く者のものです。それ以上に会社は、社会のものなのです。それを今預かっているだけなのです。

社長とは、「自分が社長である期間、その会社を預かり、よりよい会社にするための責任を持った人」なのです。そして今は、その取組みの途中だと言えます。

それにより会社はより多くのお客様の課題を解決します。その分、世の中はよくなります。また、そこで働く社員は生活の糧を得ることができます。さらに、働く喜びと成長する機会を得ることができるのです。

そして、その地域は産業と文化、そして、人口と税を得ることになるのです。

誰もが幸せになるのです。誰をも幸せにできるのが会社なのです。その中心にいるのが『社長』であり、その機会が皆様にはあるのです。

私は、M社長にお伝えしました。「M社長は、そんな玉ではないのですから、勝手に満足しないでください」と。

M社長は、大きく頷き、答えました。「はい、自分は大きな欲を持って、もっと先を見て生きて行きます。それが自分の役目だと考えています」

この欲こそが、才能なのです。この大きな欲を持てることこそが類まれない素養なのです。この自覚を社長の皆様は持ってください。

お気づきになっていないかもしれませんが、世の中には「欲を持てない人」が殆どなのです。物欲や自己承認欲という、自分のための欲は持てるかもしれません。その中で、大きな欲、それも、世の中をよくしてやろうという欲を持てる人は極めて少ないのです。

そして、そうあったとしても、事業や仕組みづくりが不得手で、成功し損なっている経営者はもっと多くいるのです。

この欲こそが自分であり、この欲こそが自分たる所以であり、この欲こそが自分に与えられた天命であるという自覚を、この先も持ち続けてください。その上で事業や仕組みをつくるという実業の力を持つのです。

「勝手に満足しないでくださいね」。社長が、そこそこの成功で満足したら、そこで会社の成長が止まってしまいます。そして、社長は大いに楽しんでください。社長の元気がなくなれば、その瞬間から会社は衰退に向かうことになります。

疲れたとき、傷ついたとき、その一時は、休むことがあってもいいでしょう。

しかし、できるだけ早く立ち上がってまた動き出すのです。お客様や社員は待っています。

そして、世の中は、「少しでも社会をよくしてくれる」存在の出現を熱望しているのです。

本書が、「皆様の進むべき道をより明確にすること」、そして、「皆様の率いる会社が、よりよい会社に変貌を遂げること」の参考にしていただけることを願っております。

まとめ

・複数事業を持ってよい会社の4つの条件：「1つの事業をまともに回せていること」、「一事業一組織」、「グループ会社の社長の確保」、「1つの事業で年商10億円の規模」
・グループ会社の社長も管理者も、「実績」を重視する。自分で動いて成果を出していること。
・すべての仕組みができ上がり、成長が本格化するタイミングで、武将級人材との出会いが来る。彼らに選ばれる。もし早く出会っても、すぐに見切られ去っていくことになる。
・共同経営は上手く行かないのが前提である。「目指すべきところを合わせる」、「定期的なコミュニケーションを取る」、「同じ経営の仕組みを使う」。
・後継者、役員、グループ会社の社長と、その自社の経営ノウハウとその「考え方」をしっかり共有すること。それをしないと、勝手にやり方を変えたり、やらなくなったりになる。
・社長自身が満足し成長を止めたとき、会社の成長も止まる。せっかく大きな欲とその能力を持つのである。次の目標を持って進むこと。
・よい会社をつくり、より大きく社会に貢献するために、楽しんで、頑張っていきましょう。

おわりに

私は、コンサルタントになり、20年以上、中小企業の社長の仕組みづくりをお手伝いしてきました。そして、その仕組みによって、多くの会社が変わり、飛躍するのを目の当たりにしてきました。

仕組みの効果は絶大です。

その仕組みづくりで重要となるのが、「その目的を正しく理解する」ということです。

仕組みづくりの目的は、決して、効率性や再現性にあるものではありません。

これは、あくまでも、「手段」としての仕組みの一面を説明した言葉にすぎません。

真の仕組みづくりの目的は、「人の力を発揮するため」であり、「人と人との繋がりをより強くするため」にあります。

仕組みという基盤があることで、それぞれの社員は個性や能力を活かすことができます。また、仕組みがあるからこそ、チームで仕事を進めたり、お互いに助け合ったりすることができるのです。

その結果、会社は成長を続け、事業が発展するのです。我々は、そのための仕組みづくりに取り組んでいるのです。

私は、それだからこそ「仕組みに向かいましょう」という提案と、その具体的なつくり方を提供させていただいているのです。

日本人は、とりわけ「人が好き」という傾向があります。困った人が目の前にいれば手を差し伸べ、人の子の不幸を見れば自然と涙が出てきます。

そして、それは、中小企業の社長も例外ではありません。それどころか、取り分けその傾向が強い人が多いように感じられます。

だからこそ、仕組みに重点を置いてほしいと考えているのです。

情緒的な面は、そもそも得意なのです。そちらには意識しなくても思考が向かい、どうしてもその原因や対策を「人」を軸に考えてしまうのです。そして、それを続けるほど、その面は強化されていってしまうのです。

そして、「社員は、社長の目線を追うこと」になります。社長がお客様のことを見ていれば、社員もその目線の先にあるお客様のことを、第一に考えるようになります。社長が仕組みについて発言をすれば、社員も仕組みで考えるようになるのです。

社長が「人」に向かったときには、その社長の目線と社員の目線は、真正面にぶつかることになります。そのとき、彼らは恐れおののき、自分を守ることに向かい、率直な発言も控えるようになります。

ぜひ、人が大好きな社長だからこそ、科学的な思考を持ち、事業をつくっていってください。

そして、ぜひ、その立派な志を胸に持ったまま、会社を大きくしていってください。最後まで、皆様には、お願いばかりで申し訳ないと思っています。しかし、今の世には、皆様のような優れたリーダーが必要なのです。

私は、皆様から日々報告をいただけます。「会社の雰囲気が明るくなりました」、「社員から意見が出るようになりました」、その言葉を聴けることを、本当に嬉しく思います。また、それを語る穏やかな社長の表情を見られることを、最高の喜びだと感じています。

そして、この執筆を終えた今、「皆様のよい会社づくりに、お役に立てることができるように精進しよう」という想いを、より自分の中で強く感じるようになっています。

皆様の会社がより大きく社会に貢献できること、そして、社員がより生き甲斐を持って働けることを、心から願っております。

株式会社ワイズサービス・コンサルティング　代表取締役　矢田　祐二

著者略歴

矢田　祐二（やだ　ゆうじ）

年商10億円事業構築コンサルタント
株式会社ワイズサービス・コンサルティング　代表取締役
年商数億円社長に、儲かる10億円ビジネス構築のノウハウを直接提供する経営実務コンサルタント。その独自の体系化された理論により、その規模だからこそ必要になる事業飛躍の手順と、抱える課題の仕組みによる解決策を、明確に提示する。
コンサルタント歴20年以上600社のコンサルティング実績。支援先の社長からは、会社の変革の喜びと共に、「経営視点が根本的に変わった」、「事業のつくり方が習得できた」と自身の変革の感想が多く寄せられる。
大学卒業後、大手ゼネコンで施工管理に従事。組織構築、プロジェクト運営について研究を開始。飛躍する企業、衰退する企業など、多くの事象追究により、科学的で再現性のある理論体系を構築。今日も、「中小企業の発展が、より多くの人を幸せにする」という思いを胸に、情熱的に現場一線で活動している。
株式会社ワイズサービス・コンサルティング　https://www.yssc.jp/

３年で10億円を突破！
数億社長のための自動的に人が育って、事業が成長する仕組みのつくり方

2023年3月24日　初版発行　　2023年4月10日　第2刷発行

著　者　矢田　祐二　© Yuji Yada
発行人　森　忠順
発行所　株式会社 セルバ出版
〒113-0034
東京都文京区湯島1丁目12番6号 高関ビル5B
☎03（5812）1178　FAX 03（5812）1188
https://seluba.co.jp/
発　売　株式会社 三省堂書店／創英社
〒101-0051
東京都千代田区神田神保町1丁目1番地
☎03（3291）2295　FAX 03（3292）7687

印刷・製本　株式会社丸井工文社

Printed in JAPAN
ISBN978-4-86367-802-6